AF404412

ÉTUDES

DE MOEURS ROYALES

AU XIXe SIÈCLE.

IMPRIMERIE D'ÉDOUARD PROUX ET Cⁱᵉ.

3, RUE NEUVE-DES-BONS-ENFANS.

ÉTUDES DE MOEURS ROYALES
AU XIXᵉ SIÈCLE.

SOUVENIRS

DE L'ANCIENNE COUR.

Les Chasses de Charles X.

PAR EUGÈNE CHAPUS.

Je ne suis pas l'oiseau qui crie aux bords des mers,
Et qui, voyant tomber la foudre des nuées,
Jette aux marins perdus de sinistres huées.

VICTOR HUGO.

SECONDE ÉDITION.

PARIS.

CHEZ DENTU, PALAIS-ROYAL;
BEAUVAIS, RUE SAINT-THOMAS-DU-LOUVRE, 26;
ET AU BUREAU DE LA QUOTIDIENNE, RUE NEUVE-DES-BONS-ENFANS, 3.

1838.

INTRODUCTION.

***

Intéressantes comme tableaux animés de vie royale, *les Chasses de Charles X* sont néanmoins peu connues dans leurs détails : sauf quelques initiés, on ignore ce qu'elles étaient, et il s'est même fait beaucoup de préventions à leur égard. Cependant de toutes les situations de sa vie intime, les chasses étaient celles où Charles X se montrait le plus réellement lui; il y était avec ses manières d'une politesse exquise, sa charité intarissable, ses graces du cœur, qu'il tenait de Henri IV, et auxquelles on n'échappait pas. C'était aussi un cadre où non seulement resplendissait ce dernier prince de la vieille France chevaleresque et de qualité, mais où cette France elle-même paraissait représentée par l'élite de son monde brillant, avec sa fleur de courtoisie et cette majestueuse bienveillance qui sans cesse descendait sur elle de l'arbre monarchique et de ses nombreux rameaux.

C'est ce musée de tableaux d'art et de cour; ce sont ces faits historiques qui ont posé devant moi que j'entreprends de reproduire. On m'accordera sans doute que pour bien peindre un caractère pris à la vie réelle, pour bien dire

un fait qui n'est pas une fiction, il faut avoir touché
du doigt le sujet du récit ou du tableau qu'on veut
faire, sinon la physionomie véridique qui résulte
de l'impression immédiate des événemens sur l'esprit, manquerait à votre travail. Tout ce que vous
écrirez sur des données, des traditions et des notes,
formera toujours une œuvre inexacte, bâtarde, in-
complète. Si vous n'avez pas vu ce que vous esquis-
sez, si vous n'avez pas assisté comme témoin ou figuré comme acteur dans les scènes que vous allez
reproduire, vous pourriez au hasard faire un livre
qui vous vaudrait des éloges, mais il pécherait par la
précision des détails, par la ressemblance rigou-
reuses des traits du personnage que vous feriez intervenir, vous ne saisiriez de l'ensemble de son être
qu'une expression vague et générique, mais rien
d'intime, rien d'individuel ne jaillirait en relief.

Si le monde n'était composé que de ces intelli-
gences qui d'un coup-d'œil pénètrent au fond des

choses, en mesurent les rapports, la portée et l'utilité, je me dispenserais certes de tracer ces quelques
lignes de préambule ; mais tout ce qui juge n'est pas
hommes d'élite. A côté de l'homme ignorant se
dresse l'homme aux passions politiques, l'homme aux
prétentions, l'homme aux préjugés opiniâtres, et
parmi ceux-là, combien,—graves et importans personnages d'ailleurs,—qui à ce seul titre ; des *Chasses de
Charles X*, seraient tentés, dans leur superbe dédain,
de laisser tomber le livre, persuadés que sous une
étiquette semblable il ne peut se trouver qu'une
lecture frivole.

Cependant, croyez-moi, *les Chasses de Charles X*
n'étaient pas seulement intéressantes par leur aspect
pittoresquement brillanté, ce n'était pas uniquement
comme spectacle qu'elles appelaient l'attention.
D'autres sympathies et d'autres regards que ceux de
l'artiste et du grand seigneur pouvaient également
s'y associer.

Lorsqu'on avait parcouru les forêts royales, qu'on avait été témoin des résultats obtenus dans ces chasses, il était impossible de ne pas être frappé du caractère d'ordre qui éclatait partout, de l'exactitude et de la régularité du service. Les anciennes capitaineries qui donnaient la jouissance de plus de vingt lieues de pays autour de Paris, et qui permettaient d'avoir tout le fauve nécessaire pour occuper à la fois plusieurs équipages, n'existaient plus depuis 89, et pourtant les chasses de la Restauration étaient plus belles que celles de l'ancienne monarchie. Le gibier abondait en tous temps; sur les rapports, il se trouvait toujours un grand nombre de cerfs; les princes n'avaient que l'embarras du choix pour l'attaque. [illegible]

[illegible]

Séduit d'abord par la magnificence matérielle de ces divertissemens royaux, je n'ai pas tardé à éprouver le désir de jeter un regard plus au fond dans cette branche d'administration de la couronne, qui tou-

chait par un côté au budget de l'état, et par l'autre
à d'influentes considérations politiques. Je rappro-
chais de notre époque, cette époque historique où
les chasses royales étaient un mécontentement et une
cause de ruine pour le royaume. Je me rappelais ces
cailliers de bailliages si confus, et je ne pouvais m'empêcher de remarquer la sagesse de ces Rois de la
Restauration, qui avaient su non seulement introduire
autant d'ordre dans leurs plaisirs, mais éviter tous les
inconvéniens attachés aux anciennes capitaineries.
Ils conservaient l'utile magnificence du spectacle en
lui faisant perdre ce qu'il avait de disgracieux pour la
nation. [illegible]
[illegible]
Louis XVIII, qui tenait fortement aux anciennes
habitudes, avait en effet décidé dès les premiers
jours de la Restauration, que les réglemens et usages en matière de chasse existant avant la Révolution,
seraient remis en vigueur, dans les limites, bien entendu, que leur posaient les différences survenues

dans la constitution du royaume ; aussi le Roi Charles X avait-il trouvé à son avènement un ordre de
choses tout établi, auquel il n'avait eu qu'à se con-
former (1).

Cette administration, comme on le sait, dut tout
son progrès à la direction intelligente de M. le comte
de Girardin.

A mesure que mon investigation se faisait de plus
en plus minutieuse et profonde, je m'apercevais que
cette branche de service royal, ainsi que l'avait fa-
çonné, dirigé la capacité de M. le premier Veneur,
n'était pas moins digne d'étude que tous les autres
rouages de notre administration publique. La vénerie
constituait un ministère unique en France, par l'ordre qui régnait dans toutes ses divisions, par son ensemble, par l'économie qui présidait à toutes les dépenses ; c'était aussi une véritable institution sociale

____

(1) Voir les Notes.

où de nombreux chefs de famille trouvaient d'honorables emplois, où l'industrie nationale cherchait et obtenait des encouragemens, et où l'éducation des races chevalines si utiles à l'exploitation prospère du sol, avait une puissante cause d'amélioration et de progrès.

Dès lors, ces chasses royales qui, en dépit de quelques préjugés tout à l'heure oubliés, ne sont pas seulement un agréable, mais un indispensable exercice pour les Princes, acquirent à mes yeux un intérêt éminent, et de là aussi me vint le désir naturel d'indiquer à notre époque contemporaine ce champ inexploré et où cependant il y avait tant à recueillir.

Le lecteur trouvera, dans quelques unes des pièces et des tableaux que j'annexe à mon livre, tout ce qui est relatif à la constitution administrative de la vénerie. Le reste de l'ouvrage est un cadre où je me suis efforcé de reproduire ces chasses avec leurs couleurs, leur élégance, leurs tayaux joyeux, leurs trompes éclatantes, leur mouvement, leur vie, et une partie de cette galerie de hauts personnages qui y figuraient ou comme agissans, ou comme specta-teurs, [illegible]

Sans doute un pareil livre doit rencontrer des pré-férences. Certaines sympathies lui sont infaillible-ment acquises. Il va tout droit à la société élevée, tant à cause de sa vérité que de l'exactitude de ses peintures détaillées. Puis serait-il mal à propos d'es-pérer que le monde fatigué, saturé qu'il est de la littérature romancière, des nouvelles, des contes, des mémoires, des voyages, de ce cercle où l'enferme la monotonie de l'art d'écrire, applaudira, sinon à l'exécution de cet ouvrage, que je ne défends pas d'avance, mais du moins à la pensée qui l'a élevé comme un jalon dans une voie neuve? Les hommes de lettres, au jugement de qui l'exécution du livre est abandonnée, remarqueront probablement que ces chasses forment un cadre où il eût été possible d'allier toutes les couleurs de l'imagination et du roman à la vérité du trait et à la précision du dessin historique. Or, n'est-ce pas là quelque chose d'avoir indiqué, dans le chaos littéraire où nous sommes, un chemin où de pareils résultats peuvent être rencontrés, une route où le lecteur peut se lancer sans risquer de se trouver perpétuellement dans les régions qu'il a déjà parcourues?

Pour quelques uns encore, cet ouvrage sera une véritable initiation aux détails, aux mœurs, aux usages de cette monarchie française, aux belles manières, qui s'en va devant la France prosaïque et utilitaire. Enfin, si cet espoir n'était pas réalisé, j'ai l'assurance que, pour quelques autres, ce sera un livre de doux souvenirs et de savoureuses consolations. Avec lui, ils pourront se remettre en mémoire

de bonnes années de leur existence, et ils retrouve-
ront le parfum de ce temps qui n'est plus, comme
on retrouve encore sur des débris de vieux sèvres
les traces des aromes qu'ils renfermaient jadis.

UNE CHASSE

DANS LES PETITS ENVIRONS.

UNE CHASSE

DANS LES PETITS ENVIRONS.

QUEL temps que celui des dernières années de la Restauration! Vu de l'époque actuelle, il possède le prestige d'une période historique déjà bien loin, et cependant nous y touchons : notre présent s'y adosse, il n'en est que le lendemain, — le lendemain d'une

fête. — Qui nous rendra ces étés à Dieppe, à Vichy,
dans les Pyrénées? ces hivers dans ces nobles salons
où s'alliaient si bien une politesse affable, le charme
et l'éclat des belles manières, un ton exquis, la gra-
vité politique et l'enthousiasme presque chevaleresque? qui nous rendra surtout ces matinées passées
gaîment à courre le cerf au bruit éclatant de la trompe,
dans les bois de Saint-Germain, de Compiègne ou de
Fontainebleau? Souvent je me prends à rêver à toutes
ces choses; oui, je dis bien rêver, car ma tête s'incline alors et tombe entre mes mains, et je m'aban-
donne à ces illusions. Alors, je crois entendre le
fracas de la chasse, les cris et les tayaux retentissent
à mon oreille, le son de la trompe vient s'éteindre et
mourir dans mon ame comme un lointain soupir de
bonheur. La chasse, la chasse avec ses piqueurs et ses
fanfares, avec ses meutes, leurs voix confuses et glapissantes, avec ses chevaux et leurs hennissemens;
tout cela vient me pénétrer de souvenirs qui s'atta-
chent aux parois de ma mémoire comme le parfum
des roses de Tunis s'identifie avec le vase qui l'a
renfermé!

Mon émotion s'accroît de plus en plus sous l'im-

pression de ces souvenirs ; ce ne sont plus de vagues et
génériques perceptions ; tout est précis, net, clair,
distinct. Je repeuple ces salons où se déployaient à
l'envi tant d'élégance et de graciéuseté de maintien ;
je marche au milieu de ce monde brillant et animé,
mes yeux revoient des choses à jamais gravées dans
mon cœur. Comme aux jours du printemps de 1826.
je chemine vers les buissons de Verrières ; pour la
première fois je vais à une chasse des *petits environs*.
Elle ne fut pour moi qu'un avant-goût de ces grandes
et scéniques chasses auxquelles j'assistai par la suite,
et qui devinrent le complément de mon initiation aux
arts de la vénerie.

« Un beau jour s'est ouvert, un jour de mois de mai ;
les herbes, les haies et les hauts arbres étincèlent
des pluies d'émeraudes que le printemps du nord, toujours humide, laisse tomber sur la campagne. Une
légère vapeur fume encore de la superficie des champs,
et montre le paysage qui m'accompagne comme à
travers une gaze blanchâtre et molle.

Au milieu du mouvement ordinaire et besogneux
des grandes routes, tous les inévitables auxiliaires.

de la chasse, partis de divers points d'un cercle de cinq
lieues, convergeaient vers le rendez-vous. Des déta-
chemens de cette belle gendarmerie d'élite, montée
sur des cavales noires comme la nuit, sont échelonnés pour l'escorte, du Roi, du pavé de Chaville au
carrefour de la Boursillère. Des palefreniers, avec
leurs costumes traditionnels du règne de Louis XV,
arrivent de Versailles avec les chevaux que monteront
le Roi et sa suite.

Sur la route de Châtillon, que nous parcourons,
des bouquets de grooms, à la livrée capricieuse, épisode moderne au milieu de cette vieille histoire, con-
duisent en main d'élégans chevaux de pur sang destinés aux fashionnables, dont les flots coulent doucement avec nous vers le rendez-vous, et qui vont
s'élancer sur les traces du Roi ; le boulevard de Gand,
dans ses habitués d'élite ; les faubourgs Saint-Germain et Saint-Honoré, dans leur population juvénile
et merveilleuse, défilent côte à côte comme des escadrons de cavalerie de diverses armes. De tous ceux
qui hier étaient réunis au café Anglais quand nous
apprîmes que le Roi devait chasser aujourd'hui, nul

n'a failli à la promesse de se trouver au rendez-vous pour grossir la suite de Sa Majesté.

Les officiers de vénerie, dans leur chaise à deux chevaux, paraissent à l'extrémité de la route de Versailles; viennent ensuite les pages à cheval, le porte-arquebuse dans sa voiture; l'on voyait à ses côtés la longue carabine destinée à servir l'animal, puis le caisson qui transportera le cerf. Parmi ces équipages, ceux qui appartenaient à Mgr le Dauphin se font remarquer par une rare élégance, dont le nom de duc de Guiche donne l'explication naturelle.

Ce fut à grand' peine que cette armée élémentaire de la chasse parvint à se ranger dans le rond-point du *Petit-Bicêtre*, tant était grande l'affluence de voitures, de cavaliers et de piétons de toute allure qui en obstruaient les abords. Leur multitude offrait un bariolage étrange et poétique à voir; les fracs élégans, la bigarrure des livrées, la variété des costumes que portaient les gens de pied; le piaffement et le hennissement des chevaux; le bourdonnement des conversations, les galops sonores, le tumultueux roulement des voitures qui surgissaient des routes de Sceaux, de Châtillon, de Bièvres et de Versailles,

dont les quatre lignes se croisent en deux angles opposés au sommet; ces bruits, ce mouvement, rappe-
laient, pour les yeux et pour les oreilles, les teintes
variées et les vagues soupirs d'une forêt agitée par les
vents d'automne, ou les flots qui se choquent contre
les grèves de l'Océan.

L'intérêt qui s'attachait au spectacle du royal
amusement dont je ne voyais jusque là que la première scène d'exposition, était singulièrement re-
haussé par cette foule de merveilleux chapiteaux co-
rynthiens de notre société d'alors. Tous, ou à peu
près, étaient initiés aux plus petits détails de la cour ;
aucun des personnages qui jouaient un rôle de quelque importance, ne leur était étranger, et, dans un
jour de cérémonie, on marchait avec eux au milieu
de nos célébrités jeunes et vieilles comme au milieu
d'une galerie de portraits dont ils vous expliquaient,
couramment, le livret et les légendes.

En attendant l'arrivée du Roi ils allèrent prendre
position sur la marge de la route de Châtillon, un
peu avant du Petit-Bicêtre, sur la lisière du bois
de Verrières. C'était un point d'observation d'où
l'on pouvait saisir le plus grand nombre des inci-

dens animés de la halte d'attente. Cette fleur de
jeunesse parisienne avait momentanément élu là
son domicile; cette assemblée juvénile se laissait
aller à la pente de ses causeries habituelles; on
parlait de l'opéra, d'aventures graveleuses, de pièces
nouvelles, de pertes au jeu, de politique même, de
chasse, de chevaux, de courses aux clochers, des
châteaux où une partie du dernier automne s'était
passée; et, dans le feu roulant de cette artillerie de
mots, au milieu de ces récits vaniteusement indis-
crets, la venue successive et rapide des spectateurs
officiels ou non de la chasse, fournissait à tout instant
un nouveau sentier à ces conversations variées comme
les arrivans.

— Le baron d'Hanneucourt, messieurs! le voilà :
c'est le vieillard qui descend de cette calèche jaune,
il arrive de Versailles; il a près de soixante et dix ans ;
tel que vous le voyez, leste et vif, il fait encore son
service de commandant de la vénerie avec toute l'activité d'un jeune homme. C'est un de nos meilleurs
praticiens en fait de chasse, celui à coup sûr qui date
de plus loin; par-dessus son brevet se donnent la

main, l'Empire et la Restauration. On dit qu'il a trouvé le secret de dépenser le capital de trois cent mille livres de rentes à la chasse et dans les boudoirs de toutes les époques. Il en a vu beaucoup.

Après lui, le comte Devienne, premier lieutenant de la vénerie. Peu de personnes sont douées de plus de hardiesse à la chasse; c'est un Joachim Murat, un Condé devant le cerf. Du reste il avoue, avec une naïveté d'enfant, la prétention qu'il a de réussir dans tous les exercices de corps. M. Devienne, qui est fort estimé de Mgr. le Dauphin, fait néanmoins le plus grand cas de l'expérience de M. le baron d'Hanneucourt, mais peut-être pense-t-il avec Salnove qu'un excellent veneur doit être dans l'âge de la virilité. M. Devienne deviendra quelque jour commandant de la vénerie. Nous n'affirmons pas pour cela que la vénerie sera mieux commandée.

M. Paul de Neuville est celui qui vient de s'approcher du baron d'Hanneucourt. Il est conservateur, à la résidence de Versailles, et, comme tel, c'est sur lui que pèsera une partie du fardeau de cette journée. C'est un homme conciliant et de formes agréables; mais qu'importe cela? quand on peut dire qu'il est frère du baron Hyde de Neuville, comte de Bemporta, dont le dévoûment au Roi est si vrai, a quelque chose de *si fabuleux* (1), et qu'entre eux il existe une entière communauté de sentimens et d'opinions.

Tout à coup on entendit le mot de *monseigneur* qui se répétait dans la foule, et toutes les têtes se tournaient dans la même direction.

En un instant Mgr. le Dauphin fut rendu au carrefour. Le groupe des cavaliers s'entr'ouvrit pour le recevoir comme un centre.

Le commandant, à qui il réserve un accueil toujours gracieux, l'aborde, et derrière son altesse royale se tient M. le duc de Guiche.

Pour celui-là vous l'eussiez reconnu entre mille, n'est-il pas vrai? à sa belle tournure et à la bonne élégance de son costume. C'est le gentilhomme de France qui se connaît le mieux en chevaux, et il a rendu de véritables services au pays en contribuant

(1) M. Hyde de Neuville a lui-même quelque part caractérisé son dévoûment par ce mot.

de toute son influence à améliorer la race chevaline ; il lui est même attribué un livre fort intéressant sur les haras.

J'appris alors qu'il était de règle que Mgr. le Dauphin précédât toujours son royal père d'un quart d'heure.

En effet, il était onze heures précises lorsqu'un gendarme, à bride abattue, paraissait sur le pavé de chasse de Meudon à la route de Châtillon.

Tout s'ébranle et s'anime au sein de ce camp. de veneurs.

La voiture du Roi passe avec sa prolonge de huit chevaux, son lourd et classique cocher, son postillon dans ses bottes à chaudron, et son costume qui rappelle les voitures de Louis XIV au siége de Tournai et dans les campagnes des Flandres ; puis viennent à sa suite les voitures qui portent les seigneurs invités.

Le Roi ! le Roi !

Toutes les têtes se découvrent.

Mgr. le Dauphin avança vers Sa Majesté.

Le comte de Girardin, qu'entouraient les officiers de service, qu'il dirigeait avec une merveilleuse habileté, accompagne le Roi. Il s'informe de tout, donne à propos des ordres avec la précision qui révèle l'homme capable de diriger de plus grandes choses.

Vous est-il quelquefois arrivé de rapprocher, pour les comparer, la devise armoriale des vieilles et nobles maisons avec le caractère individuel de quelques uns de leurs héritiers contemporains? Ces rapprochemens offrent parfois d'heureux à-propos, parfois des oppositions bizarres; c'est souvent une apologie méritée, souvent une raillerie plus méritée encore; ainsi :

Ubiquè candida virtus :

c'est celle du comte de Girardin, premier veneur. Cette devise n'a-t-elle pas une application toute naturelle, et pourrait-on se flatter d'avoir plus d'esprit que le hasard n'en montre ici?

Le hasard n'est pas moins heureux à l'occasion du duc de Fitz-James, qui descend en ce moment du carrosse du Roi.

Semper ubiquè fidelis.

Qui ne sait qu'être fidèle en tous lieux comme en tous temps, c'est l'ame du noble duc!

Fais ton devoir. Duc de Crillon.

J'entends dire à mes côtés que le noble duc ne perdra jamais sa devise de vue !

L'une des voitures de la suite du Roi contient un autre personnage dont l'immense renommée militaire a rempli le monde :

Virtutis fortuna comes : la fortune compagne du courage. *Le duc de Wellington.*

Il y a dans ces trois mots toute l'histoire des hauts faits de sa vie, aux Indes et en Europe. La fortune a plus fait pour lui que la valeur ; on se le murmure à l'oreille. C'était pour la seconde fois, me dit-on, que le duc se montrait aux chasses du Roi. La première, ce fut à un tiré de Marly, où il parut s'amuser beaucoup.

Puis dans la foule se confondent le baron de Fagel, ambassadeur du roi des Pays-Bas, le comte de Lœwenhielm, ambassadeur de Charles-Jean, roi de Suède, qui fut Bernadotte, et qui, il y a quarante ans, ne se serait pas douté qu'il aurait en 1826 un ambassadeur à la cour du Roi de France ; le marquis de La Grange, le duc de Reggio, tous personnages auxquels le Roi avait bien voulu accorder la permission de porter l'habit de ses chasses.

Le Roi cependant a entendu le rapport du commandant. Sa Majesté a décidé que des deux cerfs qui ont été détournés le matin par fanfare, Duval et Charlemagne, celui du carrefour de l'Obélisque serait attaqué.

Le comte d'Egherti présenta au Roi son couteau de chasse, et le premier écuyer porta la main à l'étrier pour le présenter à Sa Majesté, tandis qu'un piqueur maintenait la selle de l'autre côté.

Or ce jour là, les paysans matineux de la riante vallée de Bièvre et des environs de Chatenay, qui passaient pour se rendre à la ville ou gagner leur champ, avaient vu, dès cinq heures, des valets de limiers pénétrant dans les buissons de Verrières par divers points, avec leurs chiens, la botte au cou, pour faire le bois, c'est-à-dire découvrir, au moyen de certaines précautions qui constituent une partie essentielle de la science du veneur, le lieu où le cerf s'est abrité ; en d'autres termes, détourner l'animal pour savoir en quel lieu il s'est rembûché et indiquer où il est sur le ventre.

La route royale mène du carrefour de la Boursillère au carrefour de l'Obélisque. C'est une longue galerie dans laquelle s'engagent tous les auxiliaires de la chasse : les chiens tenus en hardes, les piqueurs avec leurs trompes en sautoir, les cavaliers, les gentilshommes revêtus du costume de rigueur, le public équestre, le public pédestre, le public de toute tenue. Le chemin est couvert de cette poussière de têtes ; elle se meut comme un tourbillon dont une partie touche déjà au carrefour de l'Obélisque, tandis que l'autre est tournée en longs anneaux sur le rond-point du départ.

On arrive à l'enceinte où le cerf a été détourné ; les vieux chiens qui doivent servir à l'attaque ont été découplés. Les piqueurs foulent l'enceinte en les appuyant de la voix et de la trompe. Pendant ce temps, le commandant, les officiers et les pages sont en observation dans les routes. Les hardes qui restent, pleines d'ardeur, ne gardent le silence que par l'effet du *tout coi* qu'on leur répète incessamment ; leurs regards tournés vers l'enceinte décèlent l'impatience qui les possède.

Peu de personnes ont pu arriver jusqu'au carrefour où le Roi lui-même attend le signal de la vue.

Huit routes aboutissent à cet endroit ; chacune d'elles conduit à de solitaires campagnes non moins poétiques par leur paysage que par les souvenirs qui y dorment.

Ici la route de Plessis-Piquet avec son étang mélancolique, sa terrasse et son vieux parc auquel s'associent le nom de Colbert et celui du comique et spirituel Picard.

La seconde route est celle de Chatenay. Chatenay avec ses prairies bordées d'aulnes et de groseillers, avec son clocher anglais qui date du XIIe siècle, où venait prier la reine Blanche, et où le sceptique Arouet de Voltaire fut baptisé.

L'autre route mène à La Chataigneraie, oasis d'ombre et de recueillement planté sur le versant d'une colline où la mousse est abondante, où l'herbe pousse partout verte, où la tourterelle s'arrête quelquefois le soir, dans sa course voyageuse pour moduler ses

monotones lamentations; où le rossignol chante toujours.

Vient ensuite la route de Verrières illustré par les
armes de 1815, puis celle d'Igny, celle de l'Abbaye-
aux-Bois, qui vont se perdre dans cette vallée de
Bièvres où toutes les dégradations et les teintes que
peut imaginer une palette de peintre s'épuisent et se
mêlent dans le perpétuel entrecroisement des bois,
des prairies, des bosquets et des jardins.

Au centre de ce carrefour de l'Obélisque, et à la
place du monument qu'on y voyait jadis, on a planté
un modeste tilleul. C'est l'œuvre de 1789. Huit grosses
pierres sur lesquelles subsistent des traces du ciseau
qui les découpa, — unique débris de ce rendez-vous
de chasse des rois de France, — ont été placées circulairement sous un nombre égal de platanes; elles
forment un anneau dont le tilleul est le centre. Ainsi
semble s'être réalisée dans cet endroit cette pensée
brutale de la Convention, qui proposait de faire une
ferme du Luxembourg et de planter des parmen-
tières dans les allées et les parterres des Tuileries.

Tandis que les limiers et les piqueurs foulent l'enceinte où le cerf a pris ses demeures, le Roi, à che-

val, s'est approché de ces débris monumentaux, il
les regarde, et aucun des souvenirs qui y sont as-
sociés ne paraît lui échapper; il les convoque un
à un.

Ici, en 1794, sur cette pierre que ses doctrines
avaient peut-être contribué à faire renverser, un
élève de Dalembert et de Clairault s'est assis. C'était
après le 31 mai; à cette époque où l'échafaud en
France prenait des têtes au hasard et les coupait en
aveugle, il se cachait alors dans les bois de Verrières,
proscrit, poursuivi par les limiers révolutionnaires,
mourant de faim et de lassitude, repoussé de partout, même de chez ses anciens amis; ce fut sur cette
pierre que cet homme s'arrêta et où il prit la résolu-
tion d'aller à Clamart demander un morceau de pain.
Avant d'exécuter son dessein il avait hésité long-
temps. Il avait tiré de sa poche une petite boîte dans
laquelle se trouvait un mélange de stramonium et
d'opium, qu'il devait à l'amitié de Cabanis (1). Là
sommeillait une mort plus prompte que la foudre,
et cet homme s'était placé dans la suprême alterna-

(1) Sorte de bol gros comme la moitié du petit doigt. Cela se
brise en petits morceaux et se fond dans la bouche.

tive de vivre ou de mourir! Il se leva cependant et
prit le chemin de Clamart: il entra dans une au-
berge, à la nuit tombante, et il y était à peine que sa
présence avait éveillé les soupçons de ces espions
volontaires dont la moralité de l'époque avait infesté
la France. Suspect interrogé, cet homme s'était embarrassé dans ses réponses; il fut appréhendé sur-le-
champ et traîné dans l'humide prison du *Bourg-Li-
bre;* c'était ainsi qu'ils avaient mutilé le doux nom
de Bourg-la-Reine. Le lendemain, quand on alla chercher le prisonnier pour l'amener devant le tribunal
révolutionnaire, on ne trouva qu'un mort immobile
et froid. A ses côtés un livre était ouvert, et sur le
verso du frontispice un agent de l'autorité municipale
du lieu parvint à épeler ces mots: *Ex libris J. M.
Condorcet.* Il avait été marquis de Condorcet! Avant

« Le Roi est arraché à ses réflexions par le bruit des
trompes qui sonnent la fanfare de la troisième tête,
et par le cri de tayau que le commandant de la vénerie a fait entendre le premier. Ce cri est répété au
loin.

Le Roi l'a entendu.

... Le cerf est lancé; les vieux chiens l'ont fait sortir de l'enceinte, et les chiens de meute qui sont tenus à la harde mordent leurs liens; ils ne comprennent plus la voix de l'homme; ils ne craignent plus le fouet, l'instinct est revenu tout entier; enfin ils sont découplés dans la voie.

Et maintenant que la bête est partie de toute la vigueur de ses jarrets d'acier élastique, maintenant qu'elle éprouve la fougue des jeunes chiens, qui peut dire où elle mènera la chasse? On ne le sait, et l'on va. Dans ces chasses des *petits environs*, l'animal ne pouvant long-temps tenir au bois, ne tardait pas à prendre un grand parti, et c'était là ce qui les rendait peut-être plus piquantes et toujours plus difficiles que les grandes chasses renfermées dans l'enceinte des forêts royales. Comme il était impossible de prévoir quel serait l'itinéraire du cerf, il était impossible aussi de calculer le placement des relais. Point de relais; partant, si le cerf se forlonge en plaine, les chasseurs sont obligés de suivre avec leurs chevaux d'attaque, et par conséquent de courir le risque de crever leur monture. On a vu un cerf lancé à Verrières, partir et aller se faire prendre près de Chartres.

Le fait est authentique; demandez-le, et ce n'est
pas le seul exemple extraordinaire que présentent les
annales de la chasse. Je sais un épisode de la vie du
prince de Condé qu'il m'est impossible de ne pas
vous dire à ce propos.

« Un jour M. le prince de Condé attaque un cerf
dix cors dans la forêt de Chantilly. Les préparatifs
de cette chasse avaient été faits comme de coutume.
Le matin on avait fait le bois, on avait détourné, les
relais avaient été placés comme à l'ordinaire dans la
prévoyance pure et simple qu'il s'agissait d'un cerf du
pays qui, après avoir été poursuivi, s'il débûchait, ne
tarderait pas à rentrer dans ses demeures; mais il n'en
fut pas ainsi : le cerf attaqué vigoureusement, débûcha il est vrai, mais fit une refuite si longue qu'il mit
les chiens complétement à bout de voie, si complétement qu'après de nombreuses manœuvres pour le
retrouver, on sonna la retraite de *non-prise*, et le
prince, qui en sa qualité de prince, de Condé et de
chasseur, n'aimait pas les défaites, ne dissimula point
la contrariété qu'il ressentait d'un pareil résultat. Il
revint au château, la tête basse et absorbé dans ses

réflexions, cherchant à se rendre compte de cette disparition extraordinaire. Personne n'avait pu dire dans quelle partie des bois environnans le cerf s'était dirigé. Deux mois après des valets de limiers, qui parcouraient la forêt de Chantilly, découvrent tout à coup ce même cerf. Telles sont les habitudes du fauve, dès qu'un animal se trouve bien dans un endroit, il s'y remonte toujours.

— Monseigneur, le cerf est revenu.

— Il faut l'attaquer, et cette fois, dit le prince, prendre des mesures pour ne pas le laisser échapper.

Les ordres sont donnés. On fait choix, pour composer les relais, des meilleurs chiens du vaste et somptueux chenil de Chantilly. Le prince montera le cheval le plus léger et le plus résistant; le piqueur le plus expérimenté sera chargé de faire le bois. Par saint Hubert! mon beau cerf, tu n'échapperas point à la stratégie que tes ennemis déploient dans leur plan de campagne.

Le lendemain la trompe résonnait bruyamment dans les bois de Chantilly; la meute aboyait, les chevaux étaient lancés au galop. L'attaque avait eu lieu.

Pendant trois heures le cerf se fit battre dans l'enceinte, puis il prit parti, débûcha en laissant bien loin derrière lui, chiens, piqueurs et cavaliers ; et tout à coup, ainsi que cela s'était passé deux mois auparavant, les chiens tombèrent à bout de voie, il disparut comme s'il était entré dans un abîme d'opéra : c'était à se désespérer.

Le cerf ! le cerf ! demandait-on ; qui l'a vu ?

Le prince fit proclamer à son de caisse, et afficher à vingt-cinq lieues à la ronde à la porte de toutes les églises, qu'il promettait une récompense à ceux qui lui apporteraient des nouvelles de son cerf, car il se l'était adjugé par ces deux chasses.

Trois jours après commença une longue et successive visite de paysans qui venaient au château rendre compte de ce qu'ils savaient.

—Monseigneur, je suis de Vic, mon village est de l'autre côté de l'Aisne, et avant hier après midi, vers les trois heures, je m'en revenais de Courneux, qui est de ce côté-ci de l'eau, quand j'ai vu à trois cents pas environ sur la rive un cerf qui se mettait à la nage ; il avait déjà de l'eau jusqu'au jarret.

—Deux louis à cet homme, fit le prince.

— Moi, monseigneur, je viens de plus loin ; je suis
né natif de Mainbresson. Il y a deux jours, en revenant le soir des champs, j'ai vu un cerf, un cerf quasi
vieux déjà, qui entrait dans le bois de Ribaumar.
Comme il n'y a pas de cerf pour l'ordinaire dans ces
petits bois là, je me tromperais beaucoup, si ce
n'était l'animal auquel s'intéresse monseigneur.

— Quatre louis à cet homme, s'écria le prince avec
un accent plus marqué de satisfaction.

— Moi, monseigneur, je suis encore de plus loin ;
j'habite une chaumière un peu dans les terres, sur
la route de Rocroy, monseigneur sait bien. A deux
cents pas de moi il y a un petit verger. L'autre soir
vers minuit, il faisait beau temps, la lune donnait ;
et comme je ne dormais pas, je me suis trompé
d'heure ; j'ai cru qu'il faisait jour, je me suis mis sur
ma porte, et voilà que je découvre très distinctement
un gros cerf qui s'en donnait à bouche que veux-tu
de mes pommes. Ma porte n'était pas ouverte que
déjà, à mon regret, mon voleur était parti, mais si
vite, que je n'ai vu que le sillage blanc que son corps
a laissé dans les herbes. C'est que voyez-vous, monseigneur, j'avais couru à mon bâton. — Si ce n'est

pas le cerf de monseigneur, c'est à coup sûr quelque
maraudeur des Ardennes qui avait poussé un peu au
loin aux gagnages, comme vous voyez, monseigneur.

« — Six louis, huit louis à cet homme, à cause des
pommes mangées, s'écria le prince qui ne contenait
plus sa joie. Les Ardennes ! les Ardennes ! c'est cela ;
c'est trouvé.

« — A ce mot tout le monde se rappela que l'année précédente, parmi des fauves dont on avait peuplé Chantilly, il se trouvait un cerf originaire des Ardennes.
C'est lui, c'est lui.

« — Deux fois j'ai été battu, dit le prince, deux fois ;
c'est trop d'une. Je prendrai ma revanche si Dieu me
donne vie. Qu'il revienne donc mon beau cerf.

« Le cerf n'y manqua.

« Il y avait tant de charmes dans les magnifiques
bois de Sylvie, tant de parfums sur cette pelouse !
Les eaux des étangs sont si belles ! le jonc des mares
si sauvage et si touffu !

Un jour, à déjeuner, un piqueur accourt tout
essoufflé auprès du prince et lui annonce, pâle d'é-
motion, qu'on avait revu le cerf. Il était ému pour son
propre compte et aussi pour celui de son maître.

Le prince tint aussitôt conseil ; on délibéra sur les moyens d'attaque et de poursuite qu'il convenait d'adopter ; puis il voulut lui-même présider aux préparatifs de la chasse, qui fut fixée au lendemain. C'était une campagne complète : invasion, pointe et poursuite.

On échelonna des relais de six lieues en six lieues, de Chantilly... aux Ardennes, ni plus ni moins, et on entendit le prince assurer que, dût-il, pour parvenir à ses fins, passer la nuit et le jour avec ses chiens et ses chevaux sans débotter, il aurait le cerf.

Cependant ce ne fut pas sans un certain battement de cœur que Monsieur de Condé fit commencer l'attaque, et cette émotion s'accrut au moment du débûché ; mais les prévisions avaient été si minutieuses, que le prince ne pouvait s'empêcher de compter sur le succès. Le cerf ayant pris parti, la victoire fut incertaine jusqu'au cinquième relais, qui fut donné sans qu'il eût encore indiqué que sa vigueur faiblissait. Ce fut à cette distance seulement que la peur le gagna et qu'il fut porté bas à trente-cinq lieues de l'endroit où il avait été lancé. Vous dire les joies qui suivirent ce triomphe, et quelle fut la splendeur de l'hallali, ce serait difficile. Tous ceux qui avaient assisté au départ ne furent pas témoins de la prise ; mais les trompes sonnèrent long-temps ; la curée fut magnifique et la munificence du prince sans bornes envers les personnes de sa suite ou de sa maison qui avaient eu le bonheur ou la force d'assister à la crise finale.

Le souvenir de cette anecdote était effrayant pour nos chevaux, et déjà plus d'un parmi les escadrons parisiens galopait flasque et amolli dans les bois de Verrières d'où la bête de meute n'était pas sortie ; mais ses retours ont été nombreux ; elle s'est montrée près de la vallée de Madame, au carrefour de Brigite, au Loup-Pendu, au carrefour des vingt-quatre Arpens, près des Fonds du Chapitre, et elle a doublé ses voies, préparant ainsi son débûché qui ne pouvait plus tarder.

Nous étions un peu en dehors du bois, sur un plateau le long de la rampe qui descend à Verrières. Là se découvre une riche et vaste perspective.

La délicieuse halte !

Nous entendions de temps à autre de lointains re-

tentissemens de la trompe qui passaient sur nos têtes
et s'en allaient s'éteindre là bas sur les lignes bleutées
de l'horizon. Puis tout était silence. Massy, au milieu de la plaine, se montrait avec sa longue traînée
de maisons et ses deux moulins aux ailes trouées;
puis, un peu sur la droite, le hameau de Villaine, qui
n'est qu'une annexe de Massy. Comme le ton calcaire de leurs maisons tranche sur ce paysage vert-
pomme! Cette transition de couleur est plus marquée encore dans le bassin de Verrières. Verrières,
qui semble être voué au blanc; tant ses murs resplen-
dissent de l'éclat poli du gypse et d'une coquette ma-
çonnerie villageoise. Qui pourrait croire que cette
campagne, ces champs en damier ne sont qu'à démi-
lieue d'une populeuse route qui mène à Paris en
moins d'une heure; le vent n'en apporte aucun souffle : aucun roulement sourd ne vient nous avertir
que, par delà ces bois et ces inflexions de terrain, est
la cité noire, la cité colosse, la ville d'affaires, de
luxe et de tumulte. Tout est mutisme de bois et de
champs, comme au milieu des immenses paysages qui
accompagnent les bords de la Loire ou quelques rives
silencieuses du Rhin.

Au-dessus de nous le terrain, mélange d'ocre fauve et de sable, crevassé par les pluies, présente une berge à pic de plus de quarante pieds d'élévation. Les trembles plantés sur l'ourlet de cette berge ont leurs racines pendantes comme des lianes, la terre manquant à leur pivotage. C'est l'ambition en haut et en l'air à laquelle échappe le terrain.

Le cerf tout à coup parut sur la lisière du bois. Il hésita un instant; mais le vacarme de la chasse s'approchait toujours. Il s'élança d'un bond; — c'était magnifique! — sa tête était nonchalamment penchée sur ses épaules, ses jambes de devant ployées comme s'il sommeillait, mollement bercé dans les airs. Il tomba sur le talus de sable où il roula; puis, s'étant remis sur pied, il partit en plaine.

Nous nous trouvons ainsi en tête de la chasse; les piqueurs nous rejoignent, puis les chiens. Hourra! hourra!

Allons, sonnez, piqueurs, sonnez; trompes éclatantes, retentissez au loin; que les bois et les champs répètent ces bruyans éclats du cuivre en spirale qui déchirent l'air. Meutes, aboyez, glapissez, poussez

vos voix. Allons, allons, chevaux, hennissez, que
votre galop rapide et régulier nous emporte sur la
trace du cerf. Et toi, *Fly*, ma mignonne, toi que j'ai
payée en belles guinées, toi qui m'as valu un prix à
New-Market, laisse, laisse jaillir le feu de tes pru-
nelles, que je voie la mousse écumer sur tes bosset-
tes. Oh! comme ces arbres passent et courent près
de moi! ils se meuvent, s'animent et dansent aux ac-
cords des fanfares. Et toi, bondis à ton tour, pauvre
cerf, saute des fossés et des chemins; courbe ta tête
gracieuse sur tes épaules; que tes jambes effilées et
agiles effleurent à peine le sable; va, va, tâche d'é-
chapper à la poursuite de tes ennemis.

— Un relais placé à tout hasard à l'issue de la route
du Plessis donne, et le cerf qui sent une nouvelle vigueur dans l'attaque, redouble de force dans sa fuite.

— La plaine est inondée de cavaliers; on dirait une
charge de fourrageurs; un bouquet d'artifice convergent.

— A la bonne heure, ceci rappelle assez bien nos
chasses de Buckinghamshire et du Cumberland, dit le
duc de Wellington en s'adressant au Roi dont il occu-

pait la gauche. Il semble que je sois à Bicester, à Aylesbury ou à.....

— Vous m'étonnez, monsieur le duc, dit assez froidement le Roi; j'avouerai que toutes les fois que j'ai eu la satisfaction de vous compter au nombre de mes compagnons de chasse à courre, mon amour-propre de Roi de France était flatté de penser que vous assistiez à un spectacle dont votre pays ne vous offre que peu d'exemples.

— Votre Majesté voudra-t-elle me permettre de dire que ce serait là un très juste orgueil de sa part, si le fait était parfaitement démontré.

— Oh! sur ce point, *my dear lord*, il faut baisser votre pavillon; quelque dur que cela vous semble. L'Angleterre, si célèbre par ses chevaux, par ses chiens, par la beauté de ses équipages, n'entend que peu de chose à l'art de la chasse; non cette chasse qui consiste à poursuivre un animal par monts et par vaux, à s'en aller d'une course furieuse à travers champs et à travers rivières, par-dessus haies et murailles, voir porter bas un cerf à douze ou quinze milles du lieu où il a été lancé; — celle-là, vous l'entendez à merveille; — vous êtes d'illustres coureurs!

mais ce n'est pas là ce qui constitue la science du
veneur.

— Peut-être le patriotisme de Votre Majesté la
porte-t-elle, par ce dédain, à se consoler de la len-
teur des chevaux français.

— Plus probable encore, monsieur le duc, que
votre nationalité se refuse à reconnaître en cela,
comme en quelques autres choses, la supériorité
française; mais sachez que le véritable art de la
chasse ne consiste pas à prendre ou à tuer un cerf;—
on pourrait l'attendre avec un fusil au coin d'un
buisson, avec une carabine, ou bien encore le porter bas au moyen d'une harde de lévriers; — mais
cet art consiste à mener une bête dans l'enceinte
d'une forêt peuplée de fauves ; de reconnaître le cerf
de meute d'un autre quand un change se présente,
de relever un défaut, et cela ne s'apprend pas moins
par la théorie que par la pratique.

Le Roi démêlant sur les lèvres du duc un sourire
d'incrédulité entre une hésitation et une objection,
se hâta d'ajouter:

— Monsieur le duc, j'en suis fâché pour vous, mais
votre Angleterre n'a pas un veneur. Citez-moi votre

d'Yauville ; et sans attendre de réponse, le Roi poussa
son cheval de manière à rompre l'entretien. [illegible]

[illegible]

— En vain des routes de chasse ont-elles été tracées
à travers les champs. Qui donc songerait à les suivre?
On les dédaigne ; les blés verts sont foulés ; toutes ces
plantations, qui souriaient au soleil de mai, sont la-
bourées par le galop régulier des chevaux.

Et c'est à cause de ce dégât, dont la caisse du Roi
tient exactement compte et paie au double la valeur,
que M. de Girardin, depuis long-temps, travaillait de
toute son influence à ce que Sa Majesté renonçât aux
chasses dans les petits environs. Mais Charles X les
maintenait non par amour pour la tradition et quoique
coûtant plus d'argent qu'elles ne lui procuraient de
plaisir, mais dans le but unique de ne pas priver d'un
amusement qu'ils aimaient, ceux pour qui Fontainebleau, Rambouillet, Compiègne et même Saint-
Germain étaient trop éloignés, et qui par conséquent assistaient avec l'avidité passionnée de la mode
aux chasses des petits environs.

Aussi ne croyez pas que ce soient les propriétaires
de ces champs cultivés qui se plaignent de la chasse ;

voyez comme ils sont heureux au contraire de la voir furieuse et déréglée. Le paysan, courbé sur la terre qu'il remue de sa houe, se relève et examine. La petite fille qui garde la vache nourricière, et qui tient ses sabots à la main, regarde aussi, tantôt les beaux cavaliers qui sautent les haies et qui la font trembler quelquefois; tantôt, avec un œil presque d'envie, les calèches découvertes qui roulent sur les routes, emportant de jeunes femmes rieuses, belles de leur beauté, belles de leur toilette. C'est la saison des fleurs, tout est en fleur; la campagne est fleurie, chaque visage de femme est une fleur, chaque parure de femme un bouquet, chaque voiture une corbeille.

Le cerf a traversé le pavé de Versailles, il a pris la plaine de Villacoupray, et le Roi, qui galope sur sa trace, montre un visage plus heureux du plaisir qu'il donne à tout le monde, que de celui qu'il prend lui-même; il salue sans cesse pour répondre aux acclamations qui s'élèvent partout sur son passage.

J'oubliais, parmi ces gentilshommes dont je vous

rapportais tout à l'heure la devise armoriale, j'oubliais de mentionner celle du premier gentilhomme de France, du Roi lui-même. Une grande nuée d'azur, d'où sortent des langues de feu, et au milieu un cerf volant qui porte au cou une ceinture d'azur sur laquelle on lit un mot, un seul, mot de prédestination, c'est un symbole, ce fut une divination. Ce mot est *Espérance*. Anne de France et Pierre de Bourbon l'adoptèrent, car la maison de Bourbon devait parvenir un jour à la couronne de France. C'est encore aujourd'hui sa devise!!!

Le cerf qui vient de s'engager dans la route de Versailles a été vu très distinctement, et les veneurs expérimentés assurent qu'il commence à tourner le pied, indiquant ainsi que ses forces s'affaiblissaient. Dans cette route nous trouvons un plus grand nombre de voitures et de spectateurs réunis qui roulent avec nous vers Velezy. Ce pauvre village, uniquement riche de la gloire militaire qu'on lui fit en 1815, est traversé sans que nous ayons eu le temps de jeter un regard de compassion sur ses huttes et son clocher dégradé.

Nous voilà dans le bois de Meudon, au carrefour de

l'Ursine ; puis la chasse, qui incline à gauche, nous conduit à l'étang de Brise-Miche où le cerf prend de l'eau.

Autour de cet étang une foule considérable et curieuse s'était rassemblée ; un moment on avait espéré que le cerf, harcelé par la meute s'y ferait prendre, mais les chiens sont éloignés. Les trompes appellent dans la direction ; et avant que la chasse soit ralliée, nous avons eu le temps de saisir l'ensemble de la riante vallée de Chaville, large fleur dont la corolle se dessinait à nos yeux.

Dé l'étang de Brise-Miche à l'étang des Trivaux, le cerf a rapidement dévoré l'intervalle.

Encore un ravissant paysage. Voyez à travers cette gorge : c'est Paris que vous avez là-bas devant vous. Si vous levez vos yeux vers le ciel, vous apercevrez le château de Meudon et aussi le village vu de profil.

En vérité, ne dirait-on pas qu'une ame d'artiste ou de poète est enfermée dans ce corps de cerf qui cherche les beaux sites? A peine s'est-il montré dans les fonds de Morval et dans la garenne de Sèvres, que le voici

qui se jette dans les vignes et gravit les coteaux de
Bellevue.

Là, naguère, s'élevait un vaste et beau château.
Madame la marquise de Pompadour passant un jour
sur le plateau qui sépare le village de Sèvres de Meudon, s'arrêta étonnée. Madame de Pompadour, belle
comme une fée, voulait éprouver parfois si elle en
aurait la puissance magique. — Je voudrais avoir ici un
château, dit-elle; et d'un coup de baguette le château fut élevé. MM. L'Assurence et D'Isle, les archi-
tectes du temps, furent chargés d'en diriger les travaux; la statue de Louis XV, sculptée par Pigal,
placée dans la grande allée du jardin, indiqua le dieu
qui devait y être adoré.

Naturellement, en 1793, le château devint propriété nationale, et dès lors on put prévoir quelle
serait tôt ou tard sa destinée. On le mutila. Cependant la partie principale fut conservée, et le jardin et
les bois étaient encore intacts, lorsqu'on vit venir,
trente-trois ans après, une bande noire de courtiers
d'immeubles royaux. Elle supputa la valeur intrinsè-
que des murailles, calcula la quantité de plomb qui

recouvrait les toits, le nombre des articulations de fer que renfermaient le corps et les membres du bâ-timent, et se fit adjuger cette page de pierre où se trouvaient écrites quelques lignes de notre histoire. La page fut lacérée au profit de quelques cabanes bourgeoises.

Peut-être le cerf, dans ses nocturnes excursions, était-il parfois venu chercher le calme du parc et le parfum des fleurs du jardin. Il comptait y trouver une protection, un abri contre ses poursuivans ; il y trouve la mort.

Plus de jardins, plus de bois ; le terrain est partagé, le sol bouleversé, le château haché : on dirait de la loi agraire.

Le cerf s'engage dans ce labyrinthe de pierres et de décombres.

Quelques bouquets d'arbres jaillissent de terre, la poussière du plâtre a blanchi leurs feuilles et couvert leur écorce ; ils ont un aspect triste et semblent pressentir les coups de la cognée qui va venir à eux aussi ; des herbes poussent autour des pierres ; quelques fleurs aussi montrent leur tête étiolée au milieu de ruines. — Des fleurs dans des ruines ! Le triomphe de la nature sur la puissance détruite de l'homme!

Le cerf saute et franchit tout ce qui s'oppose à sa course ; ces perpétuels efforts dévorent ses forces. On voit que ses élans sont moins élastiques et moins nerveux.

Le Roi n'a pas perdu la trace un moment. Il a suivi toutes les anfractuosités, toutes les lignes courbes, droites, brisées du chemin qu'a parcouru la chasse.

Un superbe hallali sur pied se prépare. Les trompes l'annoncent. Réuni en bloc, leur son de cuivre appelle au loin tous ceux qui n'avaient pu suivre ou qui avaient donné dans un défaut.

Un moment le cerf a fait tête de son front boisé, il a maîtrisé la rage des chiens ; alors rusant avec eux, il les franchit d'un bond léger ; mais le voilà acculé contre un pan de vieille muraille.

Autour du cerf est la meute qui l'enveloppe ; autour de ce premier cercle sont les piqueurs qui sonnent ; des gentilshommes, parmi lesquels le Roi et Mgr. le Dauphin, puis des officiers de vénerie ; enfin un troisième cercle plus vaste enserrant celui-ci, formé par plus de deux cents cavaliers, des équipages et l'innombrable foule des piétons. Au loin le vaste bassin où la Seine étend ses eaux comme une bande de toile bleuâtre qui s'essore au soleil, où Paris tout entier est assis, où les flèches mélancoliques de Saint-Denis se montrent au-delà dans la vapeur de l'horizon, comme la mâture d'un vaisseau à l'ancre dans une rade éloignée.

Voilà l'hallali.

Le Roi descend de cheval, il prend la carabine des mains de M. de Vinfrais, et met fin d'un coup aux anxiétés de la pauvre bête.

Tandis que les fanfares éclatent et célèbrent le succès de la chasse, le premier piqueur lève le pied droit du cerf, le natte et le donne au commandant. Celui-ci le remet au premier veneur, qui, le chapeau à la main, le présente au Roi.

Le Roi lui-même se découvre pour le recevoir : cérémonial de chasse royale.

Les daintiers et la langue du cerf ont également été détachés.

C'est l'acte final, c'est la clôture consacrée par l'usage et les réglemens.

Sa Majesté a été satisfaite, et elle le dit obligeamment au commandant de la vénerie, que ce mot paie de tout son zèle et de toutes les peines de la journée. Le Roi n'assistera pas à la curée, quoique sa Majesté ait décidé qu'elle aurait lieu. Il se dirige vers Meudon, où madame la dauphine l'attendait pour retourner ensemble à Paris.

Quelques curieux se dispersent. Les uns accompagnent sa Majesté; mais la plus grande partie restent pour ne perdre aucun détail de la chasse.

Les valets de chiens déshabillent le cerf, puis après avoir enlevé les filets et les morceaux destinés au commandant et à chacun des veneurs, ils recouvrent la carcasse de la nappe.

Pendant ce travail, on maintient les chiens sous le fouet, et quand tout est fini, le commandant, se retournant du côté de l'animal étendu par terre, donne le signal de la curée.

Les trompes retentissent.

A vous maintenant, mes chiens, à vous le reste; payez-vous de votre sueur, de vos fatigues et de vos abois.

En peu d'instans il ne resta plus de l'animal que sa charpente osseuse; pas un petit lambeau de chair. Tout était dévoré et fait squelette.

On sonne alors la retraite prise ; les chiens, le museau encore rougi de leur repas, sont recouplés et mis en hardes, et l'équipage reprend le chemin du chenil de Versailles.

Le silence succède au bruit et au spectacle, le calme campagnard au mouvement et à l'agitation dont les yeux et les oreilles venaient de se rassasier.

On n'entendit plus que les rares fanfares que sonnaient encore en se retirant les piqueurs fatigués.

SAINT-GERMAIN.

SAINT-GERMAIN.

LE TIRÉ DU BORD DE L'EAU.

On savait que le roi Charles X aimait beaucoup à manger des alouettes de mer ou bécasseaux. Un jour qu'à l'un de ses rendez-vous de chasse il agréait un tribut de ce genre, l'expression de son visage sembla indiquer qu'il aurait préféré les avoir tirées lui-même. M. le premier veneur était présent. Il n'en fallut pas davantage pour que la pensée lui vînt de faire faire cette chasse au Roi.

Mais l'exécution d'un pareil projet n'était pas sans difficultés, et d'abord tout le monde sait que ce gibier voyageur et capricieux dans son choix des localités, ne se trouve pas toujours, même dans le moment du passage, là où l'indiquent les probabilités de l'aviceptologie ; ensuite il n'est jamais assez abondant pour fournir à une chasse royale, où les coups de fusil doivent se succéder de minute en minute comme à la petite guerre ; enfin, l'obligation de chasser en batelet présente des risques qu'on ne pouvait se résoudre à faire courir aux princes qu'avec une certaine hésitation. Cependant une conférence ayant eu lieu à ce sujet entre le premier véeneur et M. de Saint-Project, conservateur des forêts de Saint-Germain, le tiré fut décidé.

S'il vous arrive en parcourant les méandres de cette forêt de Saint-Germain, de déboucher sur une vaste étendue de jeunes tailles, placée entre ses limites nord et un beau fleuve qui est la Seine, arrêtez-vous et saluez si vous êtes chasseur; vous avez sous les yeux l'un des plus magnifiques tirés des terres royales de France. Vers le milieu de cette plaine, la maison de garde que vous apercevez, la petite ruine qui lui fait face, c'est Fromainville, jadis un hameau, lequel, comme une élégante et noble villa des environs d'Herculanum ou de Pompéïa, s'est brisé et nivelé à la surface du sol, non par suite de perturbations volcaniques, comme vous le pensez bien, ou de toute autre cause de géologie, mais simplement par acquisitions successives faites au nom des Rois de France, dans le but d'agrandir les dépendances de leur capitainerie de Saint-Germain. Fromainville est l'un des pôles de ce beau domaine et il a donné son nom au tiré qu'affectionnait tant le Roi, non moins sans doute pour sa magnificence locale, qu'à cause de la solitude des paysages qui l'entourent.

"Un vaste fleuve, des îles bordées de saules dont les ramures blanchissent au vent qui les retourne, où des filets de pêcheurs sont étendus, où des joncs constamment battus par la vague se courbent sans cesse, boivent l'eau qui baigne leur pied et se relèvent, où des bergeronnettes jaunes gazouillent leurs amours. Sur la rive gauche un horizon qu'accompa-

gne l'immense rideau de la forêt ; des plaines occu-
pées partie par les jeunes tailles du tiré, et partie
par des champs de blé, de luzerne et de foin. Sur
l'autre rive, des coteaux, des vignes, des villages qui
suivent le bord de l'eau ; d'autres perchés sur la
montagne : Lafrette ; Herblay avec son église qui
domine le pays et cherche les premiers rayons du
soleil levant. Ce sont là les décorations principales
de la vaste scène du tiré de Fromainville.

Un jour de je ne sais quel beau mois de juillet, ce
vaste fleuve, ces îles verdoyantes, ces champs, ces
bois, ces berges escarpées, se trouvèrent plus gais,
plus animés que de coutume. Les prairies, depuis l'es-
tacade du parc de Maisons jusqu'au bac de Conflans,
avaient été fauchées en réservant au bord de la rivière une bordure de trente-cinq pas, qui pût atti-
rer, en leur présentant un abri unique, toutes les espèces de gibier renfermées dans les tirés sous bois,
les plaines de Garenne et de Fromainville. Des esca-
liers gazonnés avaient été pratiqués sur divers points
des berges. Sur terre, il y avait des voitures, des cavaliers, des chiens, des chevaux, des officiers des

chasses, des paysans par bande, par troupe ; sur l'eau, une flottille de batelets, montés de leur équipage de rameurs à l'uniforme bleu et col cramoisi, à la bandouillère fond bleu, galonnée d'argent, au petit chapeau noir, rond et ciré.

Les gardes forestiers et les batteurs avaient été réunis comme pour une chasse ordinaire. Aucun détail de la stratégie habituelle des chasses n'avait été négligé. Les ailes furent formées, leur marche tracée ; elles devaient se déployer dans la plaine jusqu'à la lisière du bois, vous comprenez : de manière à ce qu'au moment où le signal serait donné, un mouvement simultané s'opérât à terre et sur la rivière.

Cette chasse, à raison de sa nouveauté, n'avait pas manqué de trouver des contradicteurs et des incrédules. Le Roi lui-même paraissait peu compter sur le succès. Il souriait à la vue des préparatifs qu'on avait faits pour ce tiré d'eau, car il ne connaissait pas encore toute l'étendue du plan qui avait été adopté. Dès qu'il fut arrivé il se laissa guider vers le batelet qu'on avait disposé pour le recevoir.

Sa Majesté, le lieutenant des gardes, le conservateur et Étienne, le valet de chambre qui faisait
toujours le service de porte-arquebuse dans les petites
chasses, s'embarquèrent dans le bateau amiral; il se
trouvait en tête des autres, rangés également le long
de la berge. Le duc de Fitz-James et M. le duc de
Mouchi montèrent tous deux le second batelet.
Grand nombre des personnes de la suite restèrent à
terre dans les couverts du pré.

Le Roi embarqué, la ligne entière se déploya
décrivant un quart de cercle, et vint se ranger en
front de bandière. Les batelets devaient descendre
ainsi la rivière dont ils occupaient toute la largeur.

La flotille se meut d'un mouvement doux et presque insensible. Les tireurs tiennent leurs armes prêtes
et l'œil fixé sur les saillies sablonneuses et les petites
baies de la rive. Ceux qui se trouvaient placés au
centre de la ligne regardent devant eux : ils n'ont
d'espoir que dans le passage du gibier allant d'un
bord à l'autre pour se remettre. Là-bas dans la plaine,
les ailes exécutent leurs marches et contre-marches;

les batteurs avancent, on distingue le bruit de leurs
voix.

Le Roi est à l'arrière de son bateau ; à ses côtés est
M. le lieutenant des gardes qui se fait le plus petit
qu'il peut, afin de ne point gêner les mouvemens du
Roi. Etienne est en face assis dans le fond du bateau,
et à l'avant le conservateur est aussi à fond de cale,
moitié couché et de manière à laisser au Roi la liberté de tirer dans toutes les directions.

Mais le Roi, à qui les résultats de cette chasse
paraissent pour le moins douteux, laisse aller ses
regards sur les détails des paysages qui défilent devant
lui, et dont chaque instant modifie et souvent change
entièrement l'expression ; car, vous l'avez remarqué
sans doute, les paysages comme les hommes ont
aussi leur expression physionomique qui résulte d'une
certaine disposition du terrain, du ciel et de l'eau ;
de même que celle des hommes est le produit de
l'agencement des traits.

Quelquefois, les peupliers longs et maigres ne vous
semblent-ils pas de jeunes filles rieuses et sveltes ; un

coteau dont le sommet chauve domine les bords
d'un fleuve, n'est-ce pas, dans son imperturbable gra-
vité, le vieillard impassible et froid qui ne salue
point votre bienvenue, et ne donne pas un regret
à votre éloignement? La petite maison blanche avec
les volets fermés et les massifs d'arbres qui l'enveloppent, n'est-ce pas un bel oiseau dormant sous le
dôme touffu d'un arbre? Ces chênes centenaires et
tristes ne semblent-ils pas pleurer sur les générations
éphémères de l'homme qu'ils ont vues. Et ce bateau
qui fuit, et cette navigation elle-même; cette marche
pendant laquelle tout passe avec une égale vitesse,
et les aspects qui nous plaisent et ceux qui nous
attristent; n'est-ce pas une image de la vie?

— Sire, dit au Roi le conservateur qui avait compris un mouvement de tête que Sa Majesté avait fait
en indiquant un point sur la rive droite; Sire, cette
maison de campagne occupe la place d'un ancien
château autrefois seigneurial; et un peu plus à droite,
sur le chemin de l'Église, cette autre maison que
vous apercevez avec son toit en pignon, a été le berceau d'Etienne Fourmont et de son frère Michel

Fourmont, tous deux membres de l'Académie des inscriptions et belles-lettres.

Mais, attention, Sire, le gibier va partir!

— Vous y comptez donc sérieusement?

— Le Roi ne tardera pas lui-même à savoir ce qu'il en doit penser.

On entendit, au même instant, un grand bruit d'ailes qui crépitaient à demi-portée dans les herbes. Un faisan s'enlevait. Le Roi le vit trop tard.

— C'était très beau à tirer, observa Charles X; mais qui se serait attendu à trouver là un pareil coup?

Il n'a pas achevé; un nouveau bruit d'ailes se fait entendre; le fusil du Roi a fait feu sur une magnifique gyrandole de faisans.

En dépit des mouvemens complexes du vol du gibier, et de celui du bateau qui oscille en même temps qu'il avance, ce coup a été droit à son but. Deux faisans sont tombés morts; deux autres ont été démontés.

—Voilà, dit le Roi, qui débute très bien; après tout, cela vaut bien une alouette de mer.

—Chut!... fit le conservateur aux mariniers en

accompagnant ce mot d'un geste qui commandait
de suspendre le mouvement des avirons. Chut!...
là-bas... sur le sable... à la pointe...

— Je ne vois pas, dit le Roi.

On fait signe, néanmoins, aux rameurs de laisser
driver le batelet. Une petite compagnie de bécasseaux était posée sur la berge à moitié cachée par
une touffe de myosotis. De leurs becs d'aiguille
ils fouillaient et picotaient le sable pour trouver des
vers ; ouvrant leurs plumes et leurs ailes au soleil,
ils s'occupaient coquettement de leur toilette ;
d'autres sautillaient et trottinaient sur le bord de
l'eau, se posaient sur une pierre ou sur une éminence de terre, puis disparaissaient dans une petite
cavée (1).

Tout à coup la compagnie s'est enlevée. On entend
leur gazouillement aigu ; elles rasent la rivière, et
vont se remettre sur la rive opposée, à deux cents pas
en aval de la pointe de l'île d'Herblay.

(1) Les parages que fréquentent les bécasseaux sont les grèves
de la mer, les berges sablonneuses des fleuves et souvent même
des petites rivières.

Le Roi a indiqué qu'il faut traverser. Les rames sont mises à l'eau; mais la manœuvre est retardée par un admirable coup de fusil qui se présente à portée du Roi.

Un chevreuil a surgi tout d'un coup des hautes herbes des fourrés en talus de la berge. Un lièvre succède presque immédiatement. Le chevreuil est atteint, mais le lièvre est manqué, il gagne la prairie, il fuit : là le plomb le frappe et le roule. Les autres chasseurs sont à leur poste.

Le gibier qui, dès le matin, avait été poussé des hauteurs de la plaine sur les rives, commençait à se faire voir, et le Roi de comprendre que les alouettes de mer pouvaient bien n'avoir été que le prétexte d'une chasse embellie non seulement par la beauté des lieux, mais encore par l'imprévu des moyens.

— Vous me faites faire un fort beau tiré, et le plus agréablement du monde, Messieurs, fit le Roi.

— Sire, répondit M. de Girardin, la pensée de cette chasse appartient à votre conservateur.

— Saint-Projet, je vous en fais mon compliment. Mon aïeul Louis XIV, qui n'était pas un monarque constitutionnel, et qui pouvait reconnaître librement tous les services rendus à sa personne, n'aurait pas manqué, à ma place, de vous témoigner sa satisfaction d'une manière digne de lui... et de vous... mais, moi... vous voyez, Messieurs, qu'il est permis de regretter quelquefois de n'être pas Roi à la façon de Louis XIV...

Charles X a indiqué de nouveau qu'il fallait traverser la rivière pour aller à la poursuite des bécasseaux dont il avait remarqué la remise.

Cette manœuvre rompt la symétrie et l'ordre dans lequel s'avançait la chasse. Quelques batelets suivent celui du Roi, mais le plus grand nombre, tombés en désarroi, s'éparpillèrent sur le fleuve.

— Il ne nous faudrait ici rien moins que de Rigny pour rallier notre Navarin, dit le Roi.

Le bateau, cependant, avançait à grands renforts de rames sur l'île d'Herblay.

Jaloux de l'honneur de recevoir le Roi chez lui, le

propriétaire de cette île attendait l'arrivée des batelets ; le Roi l'aperçut tout à coup.

— Qu'est-ce que Monsieur? demanda-t-il.

— Le propriétaire de l'île, Sire.

— Je ne veux pas y entrer. N'était-il donc pas
prévenu?

C'est que le Roi exigeait toujours qu'on s'entendît
avec les propriétaires riverains, et qu'on obtînt d'eux
que la chasse passerait sur leurs domaines. Il n'eût
jamais consenti à fouler aucune terre sans être sûr
que cela ne pouvait nuire à personne.

— Pardonnez-moi, Sire...

— Eh bien! je ne descendrai pas, répéta le Roi
qui s'effrayait à l'idée d'une conversation obligée
lorsqu'elle n'était pas casée dans les prévisions de la
journée.

Mais la barque était lancée, et le propriétaire de l'île,
la tête découverte, saluait déjà la bienvenue du Roi.
Pour rétrograder, il eût fallu heurter certaines obli-
gations de politesse royale, oublier des habitudes de
noble courtoisie, Charles X ne l'eût jamais fait. Il se

résigna sur-le-champ, et laissant prendre à sa physionomie son expression de douceur accoutumée, il
envoya le bonjour le plus aimable à celui dont, après
tout, l'empressement était un hommage.

Le débarquement s'opéra, et la chasse ne tarda
pas à s'engager sous les frais et touffus couverts des
bouquets d'aunes, de bouleaux et de jeunes saules.

Sur les bords flottaient de larges et plates feuilles
de nénuphar surmontées de leurs tulipes jaunes si
semblables à de petits mâts banderolés. Là croissent aussi les fontinales, le plantin rose qui sert de
nourriture aux oiseaux, les *rubans d'eau*, et les
mousses aquatiques, longues et chevelues que ber-
cent les perpétuels remous de la rive.

Tandis que le Roi continuait la chasse, les autres
tireurs dans la plaine et sur l'eau avançaient et ti-
raillaient de leur côté.

Il est un point où la rivière se trouve fort resser-
rée par la plaine et les îles d'Herblay. A certaines

heures du jour, le soleil ne darde point ses rayons dans le chenal: tout est ombre. L'eau reflète les teintes de la végétation qui l'accompagne; elle est d'un vert foncé et mat. De sa surface dormante on voit sauter et bondir de petits poissons blancs qui étincellent comme des flammes d'argent et disparaissent aussitôt. C'était innombrable que la quantité et les espèces différentes de gibier qui se trouvaient renfermées dans cette longue et étroite galerie d'eau, au moment où les deux rives furent enveloppées et envahies par la chasse ; il s'enlevait , partait et tombait de toutes parts, mort ou blessé ; ici dans les herbes, là dans la rivière. Les chiens se jetaient à l'eau pour rapporter, les bateliers forçaient de rames pour aller ramasser : ils joûtaient et se croisaient. Il y avait des abordages et de rudes chocs. Les tireurs réclamaient et se contestaient les pièces. A peine si le bruit répété des coups de fusil leur permettait de s'entendre et de s'accorder.

C'était partout un véritable pêle-mêle de faisans, de perdrix, de lièvres, de lapins, et aussi, par intervalles, de chevreuils. Des martinets à queue four-

chue décrivant dans l'air leurs savantes évolutions,
des hirondelles rasant l'eau venaient donner une
trompeuse alerte aux tireurs, en s'offrant inopinément
à leurs coups de fusil. Ils épaulaient vite ; mais, au
moment de faire feu, ils reconnaissaient leur erreur
et s'arrêtaient tout court en les dédaignant...''

'' Parfois des martins-pêcheurs, ces écrins volans,
partaient d'un buisson et, comme une balle, allaient
tomber plus bas dans un autre buisson : ils raillaient
l'habileté des tireurs. Enfin des bécasseaux qui, bien
que difficiles à approcher et poursuivis à outrance,
n'abandonnaient cependant pas les parages du per-
tuis où ils semblaient avoir élu, malgré tout, pour
le moment, leur passager domicile.

— Tout ceci est fort bien, messieurs : vous
m'avez prouvé qu'avec la connaissance du métier,
des batteurs et de bonnes manœuvres, on peut faire
de belles chasses dans toutes les saisons et dans tous
les pays.

— Oui, Sire, et surtout avec du gibier. Le Roi
avait oublié l'essentiel.

—En fait de chasse, mon avis est que le plus difficile n'est pas d'obtenir le gibier ; c'est de savoir en
tirer parti. Ne dirait-on pas que , sous ces couverts
naturels et artificiels, vous l'avez placé avec la main?

Un moment après.

— Qu'on est bien ici ! observe le Roi en prome-
nant ses regards autour de lui. Quelle douce solitude ! que de liberté ! Quel contraste avec cette vie
des Tuileries, ces réceptions obligées, cette étiquette
permanente, ce conseil de ministres où j'ai tant de
peine à démêler de quel côté se trouvent les véritables intérêts de mon pays !

En disant ces mots, le Roi, abdiquant un moment sa grandeur, alla s'asseoir dans un endroit où
une pousse de regain présentait un siége aussi moel-
leux qu'un tapis. Ce fut l'indication d'une halte, dont
le signal se transmit en un moment sur toute l'étendue de la ligne.

Pendant ces scènes animées des tirés, s'épisodaient
ordinairement des incidens singuliers : dans tous, la

bonté du Roi et la facilité de son caractère se dévoilaient toujours; tantôt ils étaient sérieux, tantôt gais, comiques, bizarres.

Je me rappelle à ce sujet que lorsque le Roi chassait avec le duc de Berry, il s'élevait entre eux de plaisantes contestations à propos du gibier tué. Le duc réclamait une pièce qui avait été ramassée par son père, et, de son côté, *Monsieur* criait à son fils : « Berry, » vous prenez là un faisan qui m'appartient. » Un jour le duc donna l'ordre à un officier des chasses d'aller réclamer un chevreuil qu'il avait tiré et qui tombait devant le Roi. « *Pressez-vous*, dit-il, mon père le prendrait; car vous savez qu'il n'a pas beaucoup de probité... à la chasse. En même temps, le Roi, qui avait tiré un faisan ramassé par les gens du duc, le faisait demander par un de ses gardes, lui disant : « Courez à toutes jambes, car mon fils est un grand voleur ! »

— En vérité, dit le Roi, le fardeau de la royauté ne serait pas supportable pour moi sans la chasse; elle seule m'aide à le soutenir, et cependant, je le sais, ils crient, n'est-ce pas, Fitz-James, sur les heures que j'y consacre?

— Sire, c'est un texte comme un autre que les libéraux ont adopté. Ils se plaignent de vos prodigalités. Vous jetez les trésors de l'état dans les forêts, Sire ; voilà ce qu'ils se disent entre eux, et, comme les anciens augures de Rome, ils se parlent ainsi sans rire : c'est fort amusant.

— Girardin, répondez à cela.

— Sire, en peu de mots ; ce sera facile. Votre budget des chasses s'élève annuellement à cinq cent mille francs environ, tous frais compris, tous, jusqu'au coût du plomb. Sur cette somme, plus de soixante familles vivent honorablement. Plusieurs branches d'industrie se trouvent encouragées, et c'est pour l'amélioration des races chevalines en France une puissante cause d'émulation. —

— Mais alors pourquoi ce mensonge ?

— Quand on n'a pas de bonnes raisons, Sire, celle-là en tient lieu.

— Je ne vois pas précisément sur quelles bases ils fondent leurs préjugés. Le droit de chasse, non pour tous précisément, comme l'aurait pu prétendre la corporation des braconniers, mais étendu à la partie quasi-intelligente du pays, est une des conquêtes, dit-on, qui ont été faites sur notre ancien régime. Soit, personne ne le conteste ; mais pourquoi trouver mauvais que ce droit, qui est devenu celui de tous, ou à peu près, continue d'appartenir à ceux qui l'avaient auparavant et qui le possédèrent toujours ?

— Décidément, Sire, les libéraux veulent que non seulement le Roi règne et ne gouverne pas, mais ils prétendent encore que le Roi règne et ne s'amuse pas.

— Comme si la chasse, observa M. de Luxembourg, pouvait mieux convenir à d'autres qu'à des princes hommes de guerre, de magnificence et de loisir !

— Mais quand on se bornerait à ne considérer la chasse que comme un des plus puissans moyens hygiéniques, son utilité ne serait-elle pas démontrée ? Pour moi, vieillard, sur qui pèsent non seulement le poids de l'âge, mais les soucis d'une royauté assise sur un trône ébranlé, la chasse m'offre les seuls délassemens qui conviennent à mon tempérament et à l'isolement exceptionnel de ma condition de roi. Tenez, Messieurs, laissons ce triste et affligeant sujet de réflexions. Ici, l'âme entourée de silence, de champs, d'eau et de fleurs, s'ouvre à des sentimens de satisfaction qui se dissiperaient trop tôt si nous nous remettions en mémoire toutes les injustices auxquelles le roi de France est en butte; et cependant, Messieurs, je puis vous l'affirmer, Charles X voulait gouverner son pays de telle façon qu'il n'aurait jamais eu intérêt à l'empêcher de dire tout haut ce qu'il pensait du Roi et de son gouvernement.

— Ce sont là les paroles que Votre Majesté répondit à MM. de Corbière et de Peyronnet, lorsqu'ils sollicitaient opiniâtrement le maintien de la censure.

— Oui, dit le Roi en laissant échapper un soupir, et lequel de nous avait raison? je commence à douter.

En achevant, le Roi se lève, reprend son arme et se remet en marche.

La chasse continua.

Elle a parcouru l'île d'Herblay. A l'extrémité de l'île, le batelet s'est approché du bord; le Roi s'est embarqué de nouveau. Il descend *en fusillant* jusqu'à l'acul de Conflans.

Plus d'une heure s'est employée à faire ce trajet.

Au point où le Roi devait attérir et d'où il devait aller gagner le tiré sous bois, terme de la chasse, il y avait plusieurs personnes réunies ; toutes venaient, avec plus ou moins d'à propos, jeter leur visage sous les regards de Sa Majesté.

Les têtes se sont découvertes et inclinées à l'approche du bateau.

Le Roi a salué à son tour.

Le général Lhéritier, alors maire de Conflans, est l'un des premiers qu'il trouve au haut des degrés gazonnés. Ce n'était pas, dans toute l'acception du mot, un partisan de la restauration. Peut-être même au fond en accusait-il, si ce n'est l'existence, du moins l'origine. Soldat des armées impériales, ses préventions pouvaient se comprendre jusqu'à certain point ; cependant, tout bonapartiste qu'il était ;

M. le maire de Conflans venait régulièrement à la rencontre du Roi chaque fois qu'il chassait à Fromainville ou dans les plaines de Garenne. Peut-être Charles X, qui n'ignorait pas les sentimens du général, eût-il autant aimé le savoir au milieu de son conseil municipal que devant lui; mais toujours est-il que le Roi ne manquait jamais de lui faire un obligeant accueil, et de l'appeler à participer au butin de la journée.

— La première fois qu'ils se trouvèrent en présence l'un de l'autre, le Roi, dit-on, répondit au général qui parlait du passé : « Votre passé a été ce qu'il devait être, et j'ai l'assurance qu'il en sera de même de l'avenir : vous remplirez partout les devoirs que la différence des circonstances et des temps vous imposé. »

— « Approchez donc, mon cher baron, fit le Roi en tendant la main à M. de Moyriac; donnez-moi de vos nouvelles.

— Je rends mille graces.

— Habitez-vous toujours votre campagne de Conflans?

— Oui, Sire.

— Comment vous traitent vos anciens administrés?

— Pas mal pour une puissance déchue.

— Parlez-moi de Saint-Roman, votre beau-frère : c'est l'un des hommes dont j'estime le plus les lumières et le caractère ; savant modeste et consciencieux , je sais que l'amour de son pays est la noble passion de son ame.

— Sire, je vous remercie en son nom.

— Soyez sûr, M. de Moyriac, que je ne manquerai pas, quand je le verrai, de le mettre à son tour dans l'obligation de me remercier en votre nom.

Le baron de Moyriac était un royaliste sincère et courageux, qui, en 1814, avait, le premier de tous dans le département, fait arborer le drapeau blanc sur la vieille tour de Conflans, dont à cette époque il était maire, alors que la commune n'était encore séparée de l'armée de l'empereur que par la rivière de l'Oise. Au moment de cette audacieuse arboration, il avait fait publier que quiconque tenterait d'exécuter tel ordre, que ce pût être, émané de Napoléon, serait considéré comme traître à la patrie,

fusillé aussitôt sur la place publique de la commune;
et afin qu'une pareille déclaration acquît toute l'importance et l'authenticité qu'il désirait lui donner,
il en fit l'objet d'un arrêté qu'il signa seul et qu'il
consigna sur le registre des délibérations du conseil
municipal, le dimanche 3 avril 1814.

Au moment de reprendre la chasse, le Roi a tiré
une pièce d'or de sa bourse, qu'il destinait au garde-
champêtre de la commune d'Achères. Cet homme
ne manquait jamais, toutes les fois qu'il recevait des
marques de la libéralité royale, de remercier en ces
termes: « *Merci, mon Roi !* » Charles X savait son
nom, et à son tour il avait adopté cette formule,
quand il lui adressait un pour-boire: « Donnez cette
» pièce, disait-il, à *mon Morand !* »

Vers le milieu du chemin qui mène de la rivière
au tiré sous bois de Garenne, la chasse, qui s'était
avancée jusque là compacte et serrée, se sépara en
deux ailes distinctes devant une enceinte tendue de
panneaux. La voie se trouvait ainsi fermée sur une
largeur de terrain assez considérable.

Qu'est-ce que cela? demanda Charles X.

— Sire, c'est en vérité fort embarrassant à dire.

— Que signifie cela?

— Le propriétaire de ces deux arpens se refuse obstinément à laisser passer chez lui la chasse du Roi.

— Ah! c'est différent. Ce n'est point là un aimable procédé envers nous, observa Charles X ; mais enfin il en a incontestablement le droit. Respectez le droit de tous ; car si tout le monde, en France, adoptait ce principe, Messieurs, nous y trouverions personnellement notre compte.

— C'est très bien, Sire ; mais il vient de tomber dans l'intérieur de cette enceinte un faisan blessé par le Roi lui-même.

— Il faut le laisser.

— Ma foi, Sire, il est trop tard ; j'ai franchi l'enclos pour aller le chercher, et le voilà.

— Vous avez eu tort ; il faut à l'instant même faire restituer cette pièce. Savez-vous, Messieurs, en quoi j'ai pu devenir l'ennemi personnel de cet homme?

—Je suis fort disposé à croire que tout ceci n'est

qu'une manœuvre combinée dans le but de forcer le Roi à acquérir ce clos. Au moins, Sire, j'espère que vous n'en ferez rien. »

Le Roi se prit à sourire et répondre :

— Je ne contracte pas d'engagement formel à ce sujet, monsieur Numance, mais je me promets de ne pas être de facile accommodement. Nous verrons bien...

On s'est rendu à la maison du garde, dans le tiré sous bois de Garenne, où, les deux ailes se rapprochant comme les pinces d'un crabe, la chasse s'acheva par *un fermé* fort animé.

Le gibier fut compté, et sans comprendre une douzaine de bécasseaux, prétexte de cette journée de chasse, on avait tué plus de quatre cents pièces.

Avant son départ, le Roi trouva le temps de donner une seconde fois des éloges à l'inventeur de ce nouveau genre de tiré, qui fut dès lors adopté sous le nom de *tiré du bord de l'eau*. Il se répétait régulièrement chaque année.

En 1830 , il était à la veille d'avoir lieu quand les événemens de juillet vinrent donner le contre-ordre.

FONTAINEBLEAU.

FONTAINEBLEAU.

Le 12 octobre 1827, je lus dans la *Gazette de France*, qui était le journal semi-officiel : « La vénerie du Roi a été transférée de Rambouillet à Fontainebleau. Le Roi, monseigneur le Dauphin et madame la Dauphine partent demain pour cette résidence. »

Le lendemain nous étions sur la route de Fontainebleau.

Qui ne l'a parcourue! Je ne sais rien de plus en-
nuyeux. L'été, dans les jours chauds et lourds, le
voyageur s'endort à la vue de ces interminables lignes qui s'alongent toujours devant lui (1). S'il court
la poste vers les dernières heures, il n'a pour toute
récréation que le spectacle des rayons du soleil cou-
chant qui viennent obliquement enfiler la route dans
toute sa profondeur, et celui des ormes immobiles
qui le regardent passer en projetant des ombres si
fluettes et si longues qu'elles semblent prendre plaisir à courir devant lui pour joûter de vitesse avec la
voiture qui l'emporte.

Mais alors, et quoique l'heure de la journée fût
avancée, nous n'avions pas même quelques rayons
de soleil pour égayer notre route; le ciel, sans être
menaçant de pluie, était enveloppé dans les plis épais
de cette chaste et pudique atmosphère si normale
aux climats du Nord. Cette disposition particulière
dans la teinte du ciel eût pu concourir à mettre plus
en relief certain caractère d'autres paysages; mais
son effet ici était purement négatif, associé qu'il se

(1) Le pays est connu sous le nom de plaine de Long-Boyau.

trouvait aux stériles et monotones accidens de cette
route.

—Nous allons, disais-je à mon partner de voyage,
chez un vieux gentilhomme français non moins intéressant à voir, pour un observateur, que Fontainebleau, ses palais, son parc et même les chasses du
Roi. Un vrai type d'une classe qui s'en va, aux manières polies, aux traditions de la vieille et chevaleresque monarchie; homme de mœurs pures, pour
qui la royauté est une religion d'enthousiasme; grand
chasseur, éclairé et fort docte, surtout dans toutes les
questions qui se rattachent à l'art dont il fit la capi-
tale occupation des belles années de sa jeunesse. Un
gentilhomme français.

A six heures, nuit close, nous étions arrivés à Fontainebleau et nous frappions à sa porte.

Dès que mon nom fut dit au domestique qui vint
nous ouvrir, il accourut au-devant de moi en me tendant la main d'aussi loin qu'il m'eut aperçu.

» Nous fûmes entraînés dans le salon, où notre présentation à madame la vicomtesse se fit dans toutes
les règles.

L'aspect de cet intérieur est gravé dans ma mémoire. Madame la vicomtesse était placée sur un ca-
napé en tapisserie, surveillant attentivement les travaux de sa jeune famille, trois enfans assis à des tables
séparées. Tout le monde se leva à notre entrée, et ce
ne fut que sur notre instante prière et après un coup
d'œil approbateur de leur mère qu'ils allèrent reprendre leurs places.

Après quelques momens de causerie, notre hôte,
avec un ineffable sourire d'orgueil et de contentement sur les lèvres, nous dit en nous montrant ses
enfans :

— Voulez-vous voir quelles pensées emplissent ici
le cœur et l'esprit? approchez et jugez.

L'une des jeunes filles, l'aînée dessinait ; c'était un
tableau représentant la cérémonie du baptême de son
altesse royale le duc de Bordeaux

La cadette copiait de la musique : une romance dédiée à madame la Dauphine.

Le fils, magnifique enfant de seize ans environ, aux boucles de cheveux blonds, à la tournure de futur garde-du-corps, transcrivait quelques passages de la vie du Roi, que son père lui avait fait composer.

— Vous voyez, continua le vicomte, toute une maison dévouée au culte de ses princes. Ne vous en étonnez pas; il y aurait une odieuse ingratitude, si, après celle de Dieu, tout dans cette demeure n'était plein de cette adoration.

— Personne ne peut apprécier le Roi mieux que vous, je le sais.

— Parce que personne ne l'a mieux vu que moi, voilà tout le mystère : Charles X appartient, on peut le dire, à cette galerie de princes dont les portraits n'ont été qu'infidèlement ébauchés. Un jour on lui rendra justice.

— C'est particulièrement à l'armée des princes que vous l'avez étudié?

— Toujours avec lui : auparavant, en 1782, j'accompagnai le comte d'Artois en qualité de volontaire au camp de Saint-Roch, à Gibraltar; j'étais sous ses ordres à Coblentz, et je fis partie du voyage de Pétersbourg.

— Que de souvenirs vous devez avoir à redire!

—J'ai là,—en touchant son front,—j'ai là tous les faits qui ont rempli les 45 dernières années; faits inconnus! Si vous saviez combien les traditions se dépravent en s'éloignant des événemens qui leur ont donné naissance! Croiriez-vous qu'il y a telle circonstance dont j'ai été le témoin, telle action à laquelle j'ai assisté, et que j'entends raconter, que je lis écrites dans des livres, et qui n'ont tout au plus d'exact que l'indication chronologique.

— Oui, observa mon compagnon, il est bien reconnu que, si les fictions sont faites avec des débris de vérité, les vérités ne se composent ordinairement que de fictions arrangées.

—J'aurais cent exemples à fournir à l'appui de votre observation. Si quelque jour nous nous trouvons en fonds de loisir et que les souvenirs d'un vieux conteur vous plaisent, je jetterai très volontiers un regard en arrière sur ma vie, et vous jugerez alors comme

le mensonge est envahissant. Tenez, à l'endroit de
cette campagne de Gibraltar, par exemple, que je viens
d'indiquer, combien d'erreurs n'a-t-on pas débitées?
Mais je perds de vue que pour le moment nous ne
sommes en disposition ni d'écouter ni de raconter.

— De grâce, achevez seulement le fait.

— Non, il faut, dit-on, qu'un bon propos vienne
toujours à son heure; pour le moment, allons visiter
mes écuries et choisir les chevaux que nous monte-
rons demain, c'est ce que nous avons de plus pressé;
ce soir, après souper, si nous n'avons rien de mieux
à faire.

Et le soir ce fut une volupté sérieuse que de nous
trouver assis dans le salon de notre hôte, les pieds
foulant un épais et chaud tapis, assis en face d'une
cheminée où pétillait une flamme hospitalière, et de
temps à autre d'entendre les harmonies des vents
d'automne qui sifflaient en se glissant sous les portes
et se brisaient aux angles des corridors.

A la suite d'un entretien dont le jet nous avait naturellement conduits sur le terrain où nous nous étions

trouvés le matin, mon compagnon de route, qui n'avait pas oublié la promesse de notre hôte, fut le premier à la lui rappeler :

— Oserai-je vous demander, Monsieur le vicomte, quel mensonge fut accrédité à l'occasion de la campagne de Gibraltar?..

— Ah! fit notre vieux gentilhomme : c'est un exemple entre beaucoup d'autres que je voulais citer ce matin, pour démontrer combien l'esprit de parti, les passions haineuses savent altérer la vérité.

Il m'est arrivé de lire et plus d'une fois d'entendre répéter que le comte d'Artois, qui s'était laissé persuader d'entreprendre la campagne de Gibraltar, comme volontaire, n'avait pas su y trouver l'occasion de montrer son courage et de payer de sa personne. Cela s'est dit, parce qu'il fallait à tout prix faire une mauvaise renommée militaire à Charles X. Mais le comte d'Artois, pas plus que le Roi Charles X, ne mérite de reproche en ce qui touche les divers genres de courage. Celui de la chasse, vous en jugerez peut-être par vous-mêmes; quant au courage militaire, il le posséda autant que les circonstances le lui permirent. Il s'allumait surtout par le sentiment de l'honneur ; ainsi, sans vouloir porter la moindre atteinte à cette immense renommée de Napoléon Bonaparte, je doute que le comte d'Artois, s'il eût été soldat de fortune et empereur parvenu comme lui, eût survécu à la défaite de Waterloo. Son courage se serait grandi avec le péril, et la honte de faillir à son origine lui aurait rigoureusement inspiré un sentiment qui l'aurait conduit à se faire une tombe sous les arbres de la ferme Saint-Jean.

Même encore aujourd'hui, quand ma pensée revisite cette époque, je suis tenté de croire qu'il s'agit de faits qui se sont accomplis pas plus tard qu'hier ; cependant ces souvenirs datent de 1782.

La campagne de Mahon venait d'être brillamment close par la reddition du fort Saint-Philippe, et l'Espagne, pleine de confiance en l'habileté militaire qu'avait déployée le duc de Crillon dans le commandement de ses forces, venait de le nommer capitaine-général des troupes chargées de faire le blocus de Gibraltar. Il succédait aux généraux Alvarès, Lasci et Barcoldi.

Gibraltar, cette montagne inaccessible dont la position singulière a de tous temps frappé les regards des hommes de guerre, devint le point sur lequel l'attention de l'Europe entière se fixa dès qu'il fut décidé que son siége serait entrepris par les armées combinées de France et d'Espagne. La plus grande émulation se manifesta parmi les gentilshommes de ce temps, pour briguer l'honneur de faire partie de cette expédition. La France fournit son contingent ; l'Allemagne eut aussi sa division.

Le camp de Saint-Roch était formé quand les officiers français apprirent que la cour de Versailles leur envoyait deux illustres compagnons d'armes, le comte d'Artois et le duc de Bourbon.

On s'étonna beaucoup au camp que ces deux princes consentissent à entreprendre une course de plus de cinq cents lieues au mois d'août, dans une saison où il est si pénible de voyager en ces régions méridionales, pour venir prendre leur part des fatigues et des périls d'un siége où, le commandement

en chef ne leur appartenant pas, la gloire ne devait
être pour eux que secondaire.

Ces considérations sur lesquelles on s'appesantis-
sait naturellement, n'avaient pas manqué d'établir
une présomption favorable aux princes. Le camp en
avait bonne opinion et se préparait à les bien recevoir. L'un deux, qui n'était attendu que pour le
17 août, s'étant arraché aux plaisirs de la cour de
Madrid, où l'on déployait tout le prestige des fêtes
pour le captiver, arriva inopinément le 14 au soir.
Celui-là c'était le comte d'Artois!

Son ardeur fut si grande à rejoindre l'armée, que
sa dernière étape fut de vingt lieues parcourues à
cheval, tantôt dans les montagnes, en suivant des
défilés à pic, tantôt dans des plaines où le soleil mor-
dait et harassait.

Le prince, pendant ce trajet, paraissait non moins
indifférent aux fatigues corporelles qu'au danger que
présentaient ces parages difficiles, infestés qu'ils
étaient de ces détrousseurs de profession dont l'Espagne semble fière de perpétuer la race, depuis les
Maures jusqu'à nos Guerillas, sans oublier les Mi-
quelets.

Assurément, Messieurs, moi qui me piquais alors
d'être un homme de cœur, j'étais loin de partager
la sécurité du prince à la suite duquel je marchais,
et ce ne fut pas sans une certaine satisfaction que je
découvris le soir, du haut de je ne sais plus quelle
montagne, la vaste baie d'Algésiras, où cependant
les périls les plus réels, mais d'une autre nature,
nous attendaient.

. L'arrivée du comte d'Artois fut accueillie par de
vives accclamations. Le régiment de Bouillon, qui
était de tranchée sous les ordres de M. le brigadier
comte de Crillon, ne fut pas médiocrement étonné
en recevant le soir même la visite du prince. Cet
empressement à se montrer aux troupes françaises,
acheva de lui conquérir l'opinion la plus honorable
dans l'esprit des soldats.

Le lendemain matin, son Altesse témoigna le désir
de parcourir la ligne. MM. le capitaine-général de
Crillon, le baron de Falckenhayn, commandant en
chef, et une foule d'officiers supérieurs des armées
combinées, l'accompagnaient. Le prince, quoique ce
fût là son début, fit le tour des lignes sous le feu de

la place , sans timidité comme sans jactance ; *c'était
la fermeté d'un homme brave qui fait son devoir et à qui
cette fermeté ne coûte rien.* Messieurs, cet éloge n'est
pas de moi ; je le rapporte tel qu'il a été imprimé à
Cadix, dans une relation du siége de Gibraltar, faite
par un officier d'artillerie. Vous voudrez bien vous rappeler, Messieurs, que c'était là le début du prince, et
vous n'ignorez pas que le courage le plus éclatant a
aussi, comme toute autre chose, son apprentissage à
faire.

La présence du comte d'Artois à Saint-Roch im-
prima une étonnante activité dans les travaux du siége.

Le 15 au soir, plus de sept mille Espagnols et
deux mille trois cents Français partirent du camp
pour se rendre à une nouvelle ligne qui devait servir
de prolongement à la batterie de Mahon jusqu'à la
Méditerranée. On éleva ce soir là, en sacs et en ton-
neaux remplis de sable , une ligne de quinze cents
toises de longueur, dont la moindre hauteur était de
neuf pieds et l'épaisseur de douze.

Le duc de Bourbon étant arrivé dans la nuit du 15
au 16 , le comte d'Artois avec ce nouveau compa-

gnon d'armes alla parcourir encore la ligne et visiter une nouvelle parallèle.

Le 18, le feu des assiégés fut extrêmement vif. Les flancs de la montagne vomissaient à chaque instant des boulets qui sifflaient et se croisaient en tous sens. Quelques-uns venaient se heurter contre un crâne d'homme ; ailleurs ils faisaient une trouée à travers une masse compacte et laissaient la trace de leur passage longue et menue comme un sentier dans l'herbe des prés. Le comte d'Artois ne semblait éprouver qu'un sentiment, celui d'exciter le courage et le zèle des soldats. Sa présence dans les lignes se prolongea jusqu'à une heure très avancée de la nuit : je me rappelle, à telles enseignes, un magnifique spectacle produit par d'énormes fanaux qui allaient et venaient sur la forteresse de Gibraltar. Ils descendaient, remontaient, parcouraient les anfractuosités de ce formidable volcan. Une autre circonstance vint ajouter un puissant élément pittoresque à cette scène ; l'ennemi envoyait des pots à feu dans la partie de l'isthme où les Français travaillaient, et il y en avait dont la clarté inondait de lumière plus d'un demi-mille carré.

« Le 21 , à trois heures du soir, une bombe, tombée sur des fascines éparses le long de la communication, y mit le feu. Ce soir là, à côté du prince, le chevalier de Barst fut blessé.

Le 24 , un autre officier supérieur fut blessé encore à côté du prince.

Le 30, le comte d'Artois réclama de nouveau l'honneur de se remontrer à la ligne : le feu de l'ennemi était extrêmement nourri ; on prévoyait que la journée serait meurtrière. Le prince s'y rendit, malgré les prières et les efforts réitérés du capitaine-général pour le dissuader. Ce fut, en effet, Messieurs, l'une des plus mémorables journées du siège. Il n'y eut qu'une voix dans le camp pour lui rendre l'éclatante justice qu'il méritait. Les boulets passaient autour de lui ; *leur sifflement faisait frémir à tout instant pour son Altesse Royale tous ceux qui avaient l'honneur de l'accompagner* (1).

(1) Voyez l'Histoire du siége de Gibraltar, par un officier de l'artillerie française. Cet ouvrage, imprimé et publié à Cadix, est très rare. Il n'en existe qu'un exemplaire à la Bibliothèque Royale.

— Monseigneur, lui disait le comte de Crillon, votre Altesse court ici un péril inutile.

— Comme vous, Monsieur de Crillon, je fais *mon devoir*, répondait le prince; et les obus pleuvaient.

Dans le régiment de Bouillon se trouvait un soldat que le prince avait remarqué, et qu'il avait attaché à son service pour toute la durée de son séjour au camp. Cet homme, qui se nommait Jean Leclerc et qui paraissait fort dévoué à son maître, l'accompagnait partout. Il était à ses côtés pendant cette journée du 30. Ses yeux étaient constamment attachés sur tout ce qui pouvait le menacer. Quelquefois quand il les dirigeait du côté de la forteresse, on l'entendait répéter : *Ceci est pour nous*; on apercevait en même temps une subite lumière, puis la bruyante détonation d'une batterie.

Au plus fort de cette affaire, dans un moment où les boulets formaient comme un réseau sur nos têtes, une bombe vint tomber à peu de distance du lieu où se tenait le comte d'Artois, l'explosion était immi-nente.

Une voix tout à coup se fait entendre :

Monseigneur!!

Et celui qui avait poussé cette rapide et forte ex-
clamation se précipita sur le prince qu'il couvrit tout
entier de son corps.

La bombe avait éclaté. Quelques-uns en virent
voler les éclats, et n'eût été Jean Leclerc, l'un deux
allait droit à l'adresse du comte. Jean Leclerc reçut
une large blessure au bras gauche.

— Je gage, mon ami, que c'est la première fois en
votre vie que vous avez eu peur ; et il aidait au pan-
sement du brave.

— Ma foi, Monseigneur, c'est vrai, répondit celui-
ci, mais il fallait bien que quelqu'un eût peur pour
vous.

Le mot du soldat fut trouvé digne de son action.

Vous savez, Messieurs, assez du cœur du comte
d'Artois, pour croire, sans qu'il soit nécessaire de
vous le dire, que son affection fut à jamais acquise

à cet intrépide soldat. Après avoir obtenu sa retraite et l'avoir muni de tout l'argent qu'il lui fallait pour retourner en France, il lui assigna rendez-vous à Versailles, pour l'acquit d'une dette
que son cœur avait contractée avec plaisir. La révolution les sépara, mais 1815 les mit de nouveau en
présence l'un de l'autre, et ce que le comte d'Artois
avait commencé, *Monsieur* et Charles X le continuèrent.

Vous ne vous doutez pas, Messieurs, pour quels
motifs j'ai particulièrement insisté sur cet incident :
c'est que ce brave Leclerc, ce courageux soldat si
dévoué à son prince, maintenant vieillard en cheveux blancs, est depuis quelques années habitant des
environs de Fontainebleau. Il est, je crois, au village d'Avon ; le Roi le voit souvent quand il chasse

Cependant, Messieurs, les travaux du siége étaient
poussés avec vigueur, la construction des batteries
flottantes qu'on devait au chevalier d'Arçon, ces fa-
meuses pragmes, pour les appeler par leur nom, s'a-
vançaient à vue d'œil. Le 7 septembre, deux d'entre
elles firent voile d'Algésiras pour *Punta Mayorga.*

Le lendemain tout paraissait tranquille dans la place et tout l'était dans les lignes, quand la forteresse s'éveilla et commença une canonnade si bien suivie, que la batterie de Mahon fut incendiée en peu d'instans par les boulets rouges. Les Français, sous les yeux du comte d'Artois, firent des prodiges de valeur; on allait puiser l'eau de la mer à demi-portée du feu de l'ennemi; mais on ne put empêcher la destruction des batteries. Les affûts devinrent la proie des flammes et les canons furent enterrés dans le sable.

Il était démontré que Gibraltar ne pouvait être attaqué avec succès que par mer. Dès-lors on ne s'occupa plus que de l'achèvement des pragmes pour en tenter l'épreuve.

On se le rappelle avec douleur, le 18 septembre fut ce jour malheureux.

Le chef d'escadre, Don Ventura Moreno, donna l'ordre aux pragmes d'appareiller. En tête étaient la *Pastora*, vaisseau amiral, et la *Tulla Piedra*, à bord de laquelle se trouvait le chevalier d'Arçon, l'inventeur des batteries. On les vit mouiller à trois cents toises de la place, à 10 heures 25 minutes, vis-à-vis le bastion d'Orange. Malheureusement on reconnut, quand il n'était plus temps, que les pragmes s'étaient embossées trop près les unes des autres.

Les forces de terre devant opérer de manière à faire diversion, la division française était de ligne, et le prince était resté à terre à sa place naturelle; mais, par un inexplicable mystère, les troupes de terre ne reçurent point l'ordre de donner. De plus, les galioles, les barques à bombe qui devaient seconder l'action des pragmes, ne firent aucun mouvement. On ignorera sans doute éternellement, dit un historien que je vous ai déjà cité, pourquoi tous ces navires ne marchèrent pas en même temps que la flotte.

Cette journée fut désastreuse, comme vous savez, Messieurs; toutes les pragmes furent incendiées ou coulées. Le comte d'Artois qui, par suite des dispositions militaires, n'avait pu trouver l'occasion de montrer sa valeur, puisque les divisions de terre n'avaient pas donné, trouva au moins celle de montrer son admirable cœur pour les braves. Il intercéda pour que tous les officiers employés à bord des bâtimens français et qui avaient survécu à l'expédition, obtinssent des gratifications.

Il fit de sa propre bourse une pension de 600 livres au baron d'Armfeld.

Il envoya à l'infortuné d'Arçon des marques de bienveillance après la défaite, alors qu'une responsabilité morale immense pesait sur lui.

MM. de Myring, Bérard, obtinrent des gratifications méritées.

Les pragmes étaient détruites, mais non toutes les forces navales de l'Espagne, encore moins celles de la France qui n'avaient pas été engagées dans cette première affaire. Les efforts de l'Espagne étaient loin d'être à bout ; toutefois les princes prévoyant que le siége allait tirer en longueur, et ne pourrait leur offrir que de rares occasions de payer de leur personne, indiquèrent leur départ comme prochain.

Gibraltar n'avait pas de ravitaillement. Le gouverneur Elliot ne devait pas tarder à rendre la place si le blocus était maintenu.

L'Angleterre n'avait pu se dissimuler cette vérité,

et c'est pour cela qu'elle s'était hâtée de faire mettre
à la voile une escadre sous le commandement de lord
Howe. Cette nouvelle arriva bientôt au camp de
Saint-Roch, où l'on continuait toujours, avec la
même vigueur qu'auparavant, les travaux du siége.

Le 8 octobre, le comte d'Artois se rendit à bord
de *la Trinité*, vaisseau amiral monté par Louis de
Cordova.

Ce fut une nouvelle occasion pour lui de témoigner de la fermeté de son cœur. Il était venu à bord
pour prendre congé de l'amiral ; tout à coup l'horizon s'obscurcit. Dans ces parages, on le sait, l'avant-
coureur de la tempête est souvent la tempête elle-
même. Le vent d'ouest souffla avec impétuosité,
la mer devint houleuse, et le ciel tout noir d'o-
rage. Bientôt un épouvantable ouragan éclata. Les
marins les plus expérimentés ne le virent pas sans
frémir. Le comte d'Artois, lui, je vous l'affirme,
n'éprouva pas une seule altération dans l'expression
calme de son visage, et cependant toute la flotte
chassa sur ses ancres. Ce fut horrible.

Le *San-Miguel* fut jeté à la côte de Gibraltar ;

Le *San-Dameso* perdit son beaupré ;

La *Santa-Perpetua* fut jetée à la côte ;

Le *Triumphante*, la *Santa-Magdelena*, poussés près de Gibraltar, à portée de canon.

Ce ne fut que le lendemain que le prince put gagner le bord, après avoir donné les marques de la plus profonde affliction inspirée par ce désastre.

Il était déjà rendu au camp de Saint-Roch quand il apprit que cette même tempête qui avait disséminé la flotte espagnole, avait favorisé et accéléré l'arrivée de la flotte anglaise dans la Méditerranée. Elle fut en effet signalée. Dès lors il fut à peu près facile de prévoir quel serait le résultat d'un engagement, s'il avait lieu ainsi sous les batteries de Gibraltar, entre les Espagnols et les Anglais, et l'engagement était inévitable. Le 12, Howe conquit cette renommée militaire qu'un concours d'événemens heureux lui valut autant que son génie et son habileté.

Le lendemain, le comte d'Artois qui ressentait

douloureusement ces malheurs de l'alliée de la France, partit de Saint-Roch.

Ainsi, Messieurs, le séjour du prince devant Gibraltar fut de sept semaines, et ce petit intervalle de temps fut chaque jour marqué par les témoignages de toutes les qualités du cœur et de l'esprit qu'un prince puisse posséder. Il y montra souvent le courage du soldat, la valeur du chef, la fermeté du marin, unie à une bienveillance et à une libéralité sans bornes. Ces faits là, Messieurs, se sont passés aux yeux de tout un camp, en présence d'Espagnols, d'Allemands et de compatriotes; j'en ai été témoin, et cependant voici ce que j'ai entendu rapporter de cet épisode si remarquable de la jeunesse du prince. Je vous le disais tout-à-l'heure à peu près en ces termes :

En 1782 le comte d'Artois, s'étant laissé persuader d'entreprendre comme volontaire la campagne de Gibraltar, s'y rendit en effet. On rapporte à ce sujet, que le comte s'étant trouvé, à son corps défendant, pris à bord du vaisseau amiral, au moment d'un engagement entre la flotte espagnole et la forteresse assiégée, il n'avait trouvé rien de plus simple, pour se mettre à l'abri du péril, que de descendre à fond de cale; et là, ajoute-t-on, s'étant placé au centre des anneaux d'un câble épais, il avait attendu la fin de cette affaire, sans importance d'ailleurs.

Qu'en dites-vous, messieurs? n'est-ce pas en effet ainsi que les passions écrivent l'histoire; et que les peuples égarés jugent les Princes?

Le lendemain nous entendîmes des chevaux qui piaffaient dans la cour. On préparait nos montures, et notre hôte lui-même, qui s'était levé de bonne heure, assistait à ces préparatifs.

— Le rendez-vous est à la croix du Grand-Maître, pour onze heures.

Il tira sa montre.

Il est sept heures; nous avons tout le temps de nous revoir. Je parierais ne pas me tromper de cinq minutes, en affirmant que dans ce moment le Roi se

lève. Vous pouvez comme moi assister d'ici à ce lever. Un valet de chambre a pénétré dans son appar-
tement, et le Roi est descendu de son lit doré, qui
fut celui de Bonaparte, qui serait celui de tous les
rois, vous le verrez.

Sa toilette achevée, il regarde à un thermomètre
en verre de Lerebours qui est placé à l'une des deux
croisées de sa chambre, celle qui est de plain-pied
avec l'escalier étroit de la cour de l'Orangerie. Il descend et se promène quelques instants dans cette enceinte où Henry IV avait établi une splendide vo-
lière, et que Louis XIII avait convertie en orangerie(1).
En remontant, il trouvera ses journaux; ils seront
posés sur une petite table ronde en bois d'acajou,
célèbre comme ayant servi à Bonaparte en 1814,
pour *signer son abdication*, dont au reste nous n'avions
pas besoin. Monarque moins superstitieux que son
aïeul Louis XIV, il n'a pas craint d'avoir ce meuble
sous les yeux en dépit de la pensée qui s'y trouve in-

(1) En 1702, un incendie la détruisit. Louis XIV la fit rétablir.
En 1789, le feu qu'on entretenait dans cette orangerie, poussé
avec trop d'activité, causa un nouvel incendie qui consuma de
nouveau ce bâtiment; des orangers qui dataient de plusieurs siècles
furent perdus.

crustée. Cependant il m'a été affirmé que le Roi a été aperçu deux fois dans l'attitude de la méditation, les regards fixés sur cette table; simples considérations historiques.

Le Roi, Monsieur le Dauphin et Madame la Dauphine se réuniront à déjeuner, et tous trois après ne tarderont pas à partir pour la chasse, les princes à cheval et la duchesse dans une calèche attelée de deux chevaux. Si vous voulez m'en croire, Messieurs, nous les précéderons afin de les accompagner depuis la sortie du parc jusqu'à la croix du Grand Maître. Il ne faut rien perdre des détails qui rempliront cette journée, et nous avons beaucoup à voir.

A un signe, nos chevaux sellés et bridés nous furent amenés.

Sur la place de Ferrare est une longue grille qui clot l'ouverture de la plus vaste parmi les cours du château; c'est un des points d'où l'on découvre la masse la plus étendue du bâtiment, et il serait impossible de la considérer toutefois comme étant la façade principale, car cette résidence royale n'en

a pas; c'est un rendez-vous de plusieurs châteaux
contigus, aggrégation architecturale, qui a pour
noyau le pavillon de Saint-Louis. Chaque roi de
France, depuis Charles VII, a laissé au palais de Fontainebleau, dans des proportions différentes, des traces de son règne. Jugez-en seulement par ce que
vous avez sous les yeux.

L'aile gauche de cette cour fut bâtie par François Ier.
On y montre encore des restes de la grotte du jardin
des Pins, monument des amours de ce prince et
d'Anne de Valentinois. Si l'on en croit Villedieu, cette
grotte cachait des fantaisies peu décentes. Michel-
Ange, le Primatice, Léonard de Vinci, et d'autres
grands peintres appelés par le Roi pour embellir sa
demeure, avaient caractérisé leurs œuvres par une si
singulière naïveté, qu'au dire de Saurel, Anne d'Autriche, à son avènement, en fit brûler ou effacer pour
plus de *cent mille écus.*

Le bas-relief en marbre d'une des cheminées de ce
corps de bâtiment représentait la statue équestre de
Henri IV, triomphant de ses ennemis. — « Maréchal,
que dirait le roi d'Espagne s'il me voyait ainsi dé-

manda un jour Henri à M. de Biron. — Il ne vous craindrait guère, répliqua celui-ci. » Puis, voyant que le visage du Roi prenait une expression de sévérité imprévue : « S'il vous voyait ainsi figuré en marbre, bien entendu, Sire, ajouta-t-il avec empressement. »

L'aile droite, dont l'élévation est presque double de celle qui lui est opposée, fut commencée par Louis XV, et achevée par Louis XVI. Cet escalier du fond avec sa double et massive rampe, dont la courbe tourmentée monte à la hauteur d'une terrasse, placée devant les appartemens du premier étage, fut construit par Louis XIII. Ne trouvez-vous pas, contre l'opinion de quelques personnes, que cette masse est belle et imposante?

En passant sous cet escalier on arrive à la chapelle de la Sainte-Trinité, édifiée en 1525 ; elle doit à Henri IV toute sa splendeur.

Enfin cette grille est l'œuvre de Bonaparte, Messieurs. Il la fit établir à la place d'une ligne de bâtimens qui, en 1810, fermaient encore la cour de ce côté. Ainsi, tout compte fait, la main de six rois de France et d'un intérimaire est visible dans cette

seule enceinte, et encore ne puis-je, faute de le
savoir, vous assigner le nom du huitième prince qui
fit édifier le corps auquel le grand escalier est adossé.
Mais il est, il faut l'avouer, un souvenir qui prédo-
mine tous les autres souvenirs que ce lieu peut évo-
quer. De celui-là je fus témoin.

— Vous voulez parler de la scène qui dénoue le
drame historique dont Napoléon fut la principale
figure.

— Précisément.

— Horace Vernet a tenté de reproduire cette
scène. Vous connaissez son tableau?

—Oui, et cette fois on est forcé d'avouer que l'art
est resté trop au-dessous de la poésie du fait, c'est le
morceau le plus vulgaire qui se puisse rencontrer.

— Bon seulement à décorer la chambre de quelque vieux soldat peu difficile sur les œuvres d'art.

—J'en conviens, quoique ce soit mon artiste favori.

— Par reconnaissance pour les sujets de chasse que
son père a traités.

Les trois cavaliers cheminaient en causant; ils

passent à côté du long et blanc obélisque qui s'élève
au centre d'une étoile formée par la route de Mon-
targis, d'Orléans et de Moret. Sur ses faces naguère était gravée l'époque de la naissance de chacun
des enfans de Louis XVI; mais 89 a passé sa lime sur
ces inscriptions.

A quelques pas en avant, le roi Charles X et sa
suite sortaient du parc par l'avenue de Maintenon
et entraient dans la forêt.

Le bruit s'était répandu que D. Miguel, arrivé le
matin de Paris, faisait partie des conviés de la chasse.
L'Infant, en effet, ne tarda pas à se montrer. Près
de lui était Pérez, son Figaro, moins l'esprit toutefois, mais comme son émule, barbier de profession. C'est celui dont il fit plus tard le vicomte de
Queluz. Ni l'un ni l'autre ne portaient l'uniforme des
chasses. Le maître est vêtu de noir tout comme s'il
se fût agi d'un dîner de ville; quoique à cheval, il
était facile de juger de la médiocrité de sa taille. Il
ne nous fut pas possible de saisir son expression physionomique sous sa chevelure crêpue, noire et abondante; une légère tendance à l'obésité paternelle

concourait à rendre peu gracieux l'ensemble de sa tournure équestre. Je ne saurais rien dire de son barbier, ce nouvel Olivier-le-Daim, ainsi qu'il a été surnommé par les *negros* de la Péninsule. Il se tenait assez loin du Roi. Le Dauphin paraissait porter peu d'attention et d'intérêt à ce visiteur.

Nous vîmes M. Melchior de Polignac, qui l'abordait ; un moment après nous joignîmes nous-mêmes le gouverneur du château de Fontainebleau, et notre cicerone l'interrogeant.

— Que vous a donc dit l'Infant?

— Il m'a parlé des femmes.

— Puis...

— Puis je lui ai demandé des nouvelles de la cour de Vienne, d'où il nous arrive. Savez-vous ce qu'il m'a appris?

— Quoi?

— Que l'Empereur, dans ses loisirs, s'occupe à fabriquer des cires d'Espagne.

— Il aimerait mieux qu'il fît des cires de Portugal.

— Probablement.

— Et quels ont été ses plaisirs en Autriche?

— Il prétend qu'il s'est beaucoup ennuyé dans son

exil. On ne chasse pas, dit-il. Quelquefois un misérable tiré, jamais de chasse à courre.

— Que dit-il du duc de Reichstadt?

— Demi-prince, demi-prisonnier, demi-adoles-
cent; demi-fantôme; un pied dans la vie, un pied
dans la tombe, ce sera bientôt fini.

En me quittant Don Miguel m'a salué en me disant :
Général, je me recommande à vos prières.

— Que signifie?

— C'est sa formule accoutumée.

Le vicomte n'aimait pas l'Infant D. Miguel. Il lui
reprochait la révélation qu'il avait faite au duc de
Reichstadt de son origine, chose dont les journaux
avaient parlé. Il pensait que cette révélation aurait
pu entraîner de fâcheuses conséquences si le Duc
avait été doué de plus d'énergie.

A la croix du Grand-Maître le Roi fut accueilli par
les acclamations de la foule nombreuse qui l'attendait.
On eût dit la continuation de sa marche triomphale
vers le camp d'automne de Saint-Omer, d'où il venait.

— Le Roi, nous dit notre vieux gentilhomme, se

montre à Fontainebleau pour la première fois
depuis ce voyage qui, toutefois, n'avait été pour les
personnes clairvoyantes, qu'une sorte de contre-partie
de celui de Catherine II en Crimée. Le ministère
Villèle, attaqué par l'opinion royaliste et par l'opinion libérale, avait cherché, dans cette circonstance,
à tromper le Roi, en lui faisant croire que la province était loin de sympathiser avec Paris dans ses
opinions hostiles au président du conseil. On avait
habilement calculé que, dans l'enthousiasme excité
par la présence du Roi, il verrait non moins d'amour
pour sa personne que d'approbation pour le système
politique suivi par ses conseillers, et franchement
ce plan valait bien celui de Potemkin avec ses popu-
lations improvisées et ses villes de carton, il a com-
plètement réussi. Malheureusement pour M. de
Villèle, la dissolution de la chambre et la marche
actuelle des réélections viennent graduellement effacer toutes les heureuses impressions produites par le
voyage. Le mouvement électoral est tellement dirigé
contre le ministère, qu'il semble, à mesure qu'il prend
soin de rassurer les esprits sur la continuation de son
pouvoir et de son influence, que les choix se mon-

trent de plus en plus hostiles. Il s'est établi ainsi une lutte fort comique entre les articles officiels du *Moniteur*, et les résultats du scrutin. A mon avis, Messieurs, le renard de Toulouse, s'il ne rentre bientôt dans son terrier, ne tardera pas à se faire mettre bas par la meute qui le harcèle. —Et, tenez, j'aperçois près du Roi l'un de ses plus redoutables adversaires.

Cet homme grand, à la figure assez belle, mais négative, c'est le prince de Polignac. Plus loin, c'est M. de Montbel. Le Roi a pour ce dernier une très haute estime : esprit éminent et noble cœur. M. de Mortemart l'accompagne.

On dirait que ces gentilshommes ont perdu de vue qu'il s'agit, pour le moment, d'une chasse et non d'une conférence politique, tant ils mettent d'empressement à entretenir S. M. Cependant M. le comte de Girardin s'est fait ouvrir passage, et il a reçu les ordres du Roi.

On se rend au Haut-Mont, où, selon le rapport de Charlemagne, Leroux, Chéron et Delaunay, un cerf

dix-cors est en bonnes demeures. Il a été détourné
le matin.

La décision du Roi a circulé de bouche en bouche,
un murmure de satisfaction l'a accueillie; et maintenant que chacun sait à quel lieu l'attaque se fera,
on s'y dirige par diverses routes.

Vous êtes-vous parfois arrêté, à la nuit tombante,
dans les environs d'une fourmilière, pour observer
la marche convergente et le mouvement besogneux
de cette multitude d'insectes regagnant leur commune et populeuse cité? Ainsi faisait tout ce monde
éparpillé aux abords de la croix du Grand-Maître et
cheminant vers le Haut-Mont.

Dans les anciens usages de la vénerie, lorsque le
Roi était monté à cheval pour aller à l'attaque,
le grand-veneur, ou, en son absence, le commandant de la vénerie, présentait à S. M. un bâton de
deux pieds de long pour parer et écarter les branches;
la poignée de ce bâton était pelée lorsque les cerfs
avaient touché au bois. Ce bâton devait être coupé le

jour de la chasse et se nommait *estortuaire*. On n'en
fait plus usage : en chasse comme en toutes choses, le
temps entraîne des modifications. La manière d'attaquer l'animal a également subi d'importans changemens. En 1726, on attaquait encore à trait de limiers,
et les valets de limiers retournaient à la maison, avec
leurs chiens, aussitôt que le cerf était lancé. Il arrivait souvent, dans les temps chauds, que le limier, qui
était excédé du travail du matin, n'était plus en état
de suffire à celui du laisser courre. D'autres inconvéniens, trop longs à énumérer, étaient attachés à ce
mode, auquel d'Yauville en substitua un autre. Le
sien, qui est encore en vigueur, consiste à découpler
aux brisées quelques chiens vieux ou trop lents pour
tenir, aux relais et de fouler avec eux.

Vers la partie nord-est de la forêt, et au milieu
d'un terrain vague de vingt-cinq à trente hectares
d'étendue, s'élève une petite montagne dont la calotte
calcaire est presque chauve ; ses flancs sont garnis
de buissons et de tailles : c'est un merveilleux emplacement pour voir sortir l'animal de son enceinte
escarpée. Au pied de la montagne se trouvait rangé

dans l'attente tout le personnel royal, immobile et l'œil fixé sur les valets de limiers qui gravissaient le plan incliné du Haut-Mont avec les chiens qu'on avait découplés. [illegible]

[illegible]

« Attention au départ! Gare à la bête! Si, dans sa course, cette haie de têtes, ce crible d'yeux ne s'entrouvre ou ne s'éparpille, il saura bien lui-même se frayer une voie par l'élasticité de ses membres ou l'énergie de sa tête. [illegible]

[illegible]

« C'était fort joli à voir que ces chiens à demi-noyés dans les tailles du Haut-Mont, allant au vent; tâtant aux branches, travaillant en avant, en arrière, et balançant leurs longs fouets comme la pagaie d'une pirogue. D'abord disséminés, ils se rallient d'eux-mêmes à mesure qu'ils approchent de la reposée.

[illegible]

Un aboi se fait entendre, un seul; à ce cri de ralliement les autres chiens se serrent plus près encore, les uns des autres; un second aboi, un troisième retentit, puis un chœur d'abois, c'est la meute entière qui donne. Ainsi, dans leur savante orchestration, sou-

vent Rossini ou Meyerbeer font entendre d'abord une
sonore et retentissante intonation du trombone; une
seconde note résonne; une troisième plus forte
et plus rapprochée éclate et fait pressentir le cres-
cendo, c'est son début; il grossit; grossit toujours et
se résout enfin en un tempestueux tutti de cordes, de
voix et de cuivre.

« Aux clatissemens de la meute les fanfares se sont
mêlées, et au bas de la montagne, vers le côté de
l'occident, les rangs se sont ouverts, car le cerf s'est
montré sur la pointe d'un grès que les orages ont
bleui. Il a tourné la tête à droite, puis à gauche,
à la fois surpris des sons qui troublent le silence de
sa solitude et de l'appareil qui se montre à lui et révèle l'attaque.

La meute acharnée a gravi le plan incliné du Haut-
Mont, elle est sur sa crête; mais le cerf a pris son
élan, en deux bonds il s'est abattu par le versant
opposé, et plus impétueux que le chamois des Alpes,
à peine si dans sa rapidité on a pu distinguer nette-
ment son corsage. Personne ne pourrait dire les par-

ticularités de son pelage, il a passé presque au vol ; la
trouée s'est ouverte devant lui, et, maintenant qu'il
s'est enfoncé dans les profondeurs de la forêt, les
rangs se sont refermés et on se regarde surpris. C'est
presque un rêve de chasseur.

Mais les chiens aboient, les piqueurs crient, les
trompes retentissent : écoutez ce grand hurleur avec
sa gorge effroyable, et ce soprano avec sa voix ar-
gentine. Comme ces sons se perdent au loin, dé-
bordent la houpe des chênes et meurent dans la
haute région de l'air. Chiens ambitieux, chiens re-
quérans, chiens alongés, épiés, armés, buttés, cour-
tauts, épointés, étruffés, clabauds, coiffés, ergottés,
tous chiens de meute qui étaient tenus en hardes,
on les a fait avancer, on les a découplés dans la
voie, et tous sont partis.

Du Haut-Mont à la vente Héron il n'y a qu'un mille ;
le cerf et la chasse y sont déjà, et les alentours de
l'enceinte où l'attaque s'est faite ne se sont pas
éclaircis. Les cavaliers seuls ont disparu, le Roi en
tête.

La plupart des piétons, rentiers de Fontainebleau,

sont encore là ; ils commentent les circonstances de
ce magnifique début de chasse. Par malheur immense
pour les rentiers, le soleil n'était pas même tiède ; à
peine s'il montrait par intervalles son front seulement
lumineux entre les décousures d'un ciel chargé de
nuages ; ils se seraient assis deux heures au moins sur
les bruyères qui couvrent le sol sablonneux, toujours
pour parler de ce qu'ils viennent de voir ; c'est que
le rentier, tel que les administrations publiques le
rejettent au bout de trente à quarante ans de service, est partout le même : type invariable, vous le
trouverez partout, dans les environs de Paris, où
il y a des bois et des abaissemens de taxe dans les
contributions indirectes. Le rentier est ennemi de
l'octroi.

Cependant ce n'eût pas été non plus sans raison que
ces paisibles amateurs de la chasse se fussent décidés
à demeurer là, car ils savaient d'habitude que l'animal
qui est en fuite revient souvent révisiter le couvert
où il avait d'abord choisi son asile. Mais en vain
auraient-ils une pareille espérance pour la chasse
d'aujourd'hui. Plus d'expérience du métier leur ap-
prendrait qu'à l'impétuosité étonnante de ce dix-

cors, doyen des bois de Fontainebleau, il se forlon-
gera à coup sûr, et que ce serait miracle s'il se
remontrait à l'endroit du laisser-courre.

Nous voici donc à la route ronde,—au rocher de
Bouligni, — au mail de Henri IV,—au carrefour du
Mont-Merle;—du fond des cinq routes qui viennent
y aboutir on voit des cavaliers au galop, des piqueurs, des chiens ; mais l'ardeur de ceux-ci s'est
refroidie.

On jurerait qu'ils ont perdu la voie; ils chassent
avec crainte, ils balancent, ils crient moins : c'est
sûr, ils sont tombés en défaut.

Le baron d'Hanneucourt arrive, il a mis pied à
terre; c'est lui qui se charge de le relever, il se mêle
avec les chiens dans les taillis; plus loin, sous les
futaies. Là, le travail de la meute recommence:
on s'informe de tous ceux qui surgissent du fond de
ces longues avenues, si le cerf n'a pas été vu, on
donne de la trompe, le requêté se fait entendre aux
chiens les plus distancés ; mais eux, ne poussent plus
de voix, ils s'étonnent en voyant que leur sagacité a

été trompée, ils se sont tus ; à ce silence subit après les explosions de leurs abois, ne dirait-on pas le calme après l'émeute, un intervalle de repos entre les éclats de la tempête ?

Ce fut pendant la durée de cette manœuvre qu'on vit le cheval d'un homme, dont je ne vous dirai pas le nom, approcher de celui de Sa Majesté, et tous deux, suivis de quelques gentilshommes, se ranger à l'écart en attendant que la chasse continuât.

La présence de cet homme à Fontainebleau n'était pas sans objet politique. Toutes les fois que l'horizon s'obscurcissait, que des nuages et la vague houleuse battaient le trône, il venait se poser comme l'oiseau des orages sur le mât du vaisseau, à la vue du pilote royal. Que voulait-il ?

Le parti royaliste pur, mécontent des fautes de l'administration de M. de Villèle qui avaient contribué à augmenter la force du libéralisme en France, ne songeait qu'à profiter du mauvais terrain où les événemens l'avaient placée, pour la renverser du pouvoir et s'y établir à sa place.

Pour comprendre le but de l'entretien dont cet homme avait désir, il faut se reporter à l'époque où cette chasse avait lieu.

Le combat des votes était engagé sur tous les points de la France, et les amis de la royauté, les regards fixés sur ce grand drame électoral, voyaient arriver chaque jour des départemens avec une douloureuse inquiétude, les résultats d'une lutte ouverte sous les plus tristes auspices.

— Sire, croyez-moi, l'opposition royaliste est devenue la plus précieuse et peut-être la dernière ressource de la monarchie.

— Villèle n'est pas de cette opinion ; son espoir était de vous voir vous allier franchement à lui. Il pense qu'une opposition royaliste n'a point de sens dans ma monarchie.

— C'est une erreur, Sire, l'opposition royaliste, sorte de sacerdoce, est la gardienne des doctrines de la royauté ; elle offre par là au pouvoir un secours pour s'arrêter quand on l'entraîne, pour se reconnaître quand il s'égare. Il serait étrange qu'une opposition qui tient à la dynastie par une communauté étroite de principes et de sentimens, fût la seule jetée hors de cause, qu'on l'exclût de l'ordre politique au jour de nos prospérités comme elle le fut du sol de la patrie au jour de nos désastres; n'est-il pas plus raisonnable de penser qu'elle seule doit apparaître, parler et donner conseil. Des avis salutaires ne sauraient jamais venir que d'une bouche amie et dévouée. Toute autre opposition brûle et détruit. Votre ministre, plein de sécurité pendant quatre ans, s'éveille tout à coup pour jeter un cri d'alarme vers nous et demander secours; il se voit perdu.

— Il y a tant de choses commencées en France que la retraite du premier ministre offre de trop grandes difficultés, et vous réfléchirez que votre concours lui est indispensable.

— Oh! cela est impossible, Sire; nous sommes trop attachés aux véritables intérêts de votre trône pour prêter notre appui à un homme qui, à tort ou à raison, est frappé d'une immense et unanime impopularité. Il faut conserver vierge et pure cette force du vrai parti monarchique que le contact ministériel cherche à neutraliser; il faut la conserver en son honneur et indépendance pour résister plus tard à la puissance du libéralisme, car elle seule le pourra un jour.

—L'opposition royaliste triomphante mettrait en question tout ce qui a été fait par mon ministère, elle renverserait ce qui a été laborieusement élevé.

—Sire, le parti royaliste a pu s'opposer à des projets; mais ces projets, devenus lois, il saura les respecter.

—Ne pensez-vous pas que Villèle soit nécessaire à son système de finances?

—Tous les hommes de sens qui ont combattu cette conversion prématurée, ce gigantesque remboursement, savent que ce système financier est admis comme fait accompli.

— Et la question d'indemnité?

— Ce n'est pas lui le premier qui en eut la pensée; un ministère nouveau paierait peut-être cette créance du malheur à moins de frais et avec plus de popularité.

—La reconnaissance de Saint-Domingue ne veut-elle pas que la même main qui noua cette affaire la dénoue aujourd'hui?

— Cette triste affaire est malheureusement trop finie. Une colonie a été cédée, une indemnité a été promise.

— Et mes relations diplomatiques avec l'Orient!

— Jamais un ministre ne fut une condition indispensable pour des stipulations secrètes. D'ailleurs la *Gazette* chaque soir nous dit que depuis Navarin tout est terminé en Orient; ainsi tout est fini ou tout peut se finir sans M. de Villèle.

— Il est un principe de gouvernement dont je regrette de ne pouvoir faire l'application : les longs ministères sont seuls puissans pour le bien ; l'histoire montre que les grands rois ont usé peu de ministres, voyez le Richelieu et le Sully de mes aïeux.

— Sans doute, Sire ; mais un ministère n'est pas une dynastie ; un portefeuille n'a pas privilége d'hérédité ; il est pour des hommes d'état d'impitoyables nécessités qu'il faut subir. M. de Villèle lui-même, avec les intentions les plus pures, ne peut faire désormais que le mal ; l'esprit des électeurs dit assez que c'est contre son administration que la plupart des choix ont été faits.

— Ne voyez-vous pas, Monsieur, qu'en refusant

votre concours à M. de Villèle vous laissez s'établir dans la chambre une majorité qui nous est hostile?

— Sire, le remède est facile à indiquer: une nouvelle dissolution......

— Vous oubliez qu'un roi constitutionnel doit être le roi de la majorité et des nombres. Qui vous assure qu'une dissolution n'amènerait pas une chambre plus hostile encore, non seulement contre M. de Villèle, mais.....

— Comment le supposer? Quatre années seulement se sont écoulées depuis que les mêmes départemens envoyaient à la chambre quatre cents députés royalistes, tandis que les libéraux n'en comptaient que quinze; quels événemens ont donc marqué cet espace de temps? Je fais serment que si le chef actuel de l'administration se retirait et qu'on fit un nouvel appel au royalisme et au patriotisme des provinces, les libéraux auraient moins de chance encore qu'en 1824.

— Eh bien, il faut que le ministère tombe devant les chambres, mais pas avant, et alors....

— Alors, Sire....

— Je choisirai un ministère en union avec cette

chambre. Est-ce constitutionnel? ajoute le Roi en souriant, comme pour chercher un moyen gracieux d'échapper à cette conversation.

— Puissiez-vous, Sire, en ce cas, ne point compromettre les prérogatives de votre noble couronne, ce magnifique héritage de Henri IV et de Louis XIV!

— Je l'espère bien ainsi, reprit vivement le Roi, et c'est pour cela que je m'efforcerai de marcher sincèrement avec mon pays tant que le pays, toutefois, ne se laissera pas dépraver par de perfides et d'ambitieux conseils.

Charles X murmura ce vers du *Roi des rois :*

« Je veux moins de valeur et plus d'obéissance. »

Sa Majesté a dit toute la dernière partie de cet entretien avec une inflexion de voix assez douteuse, pour que son interlocuteur restât un instant pensif et grave.

Nous vîmes au même instant plusieurs cavaliers, parmi lesquels se trouvaient M. de La Fare et de Clermont-Tonnerre, aborder et entourer cet homme. Il y avait en eux une visible curiosité de connaître les détails de cette conférence, où il n'avait rempli que le rôle de plénipotentiaire.

Les événemens prouvèrent que le Roi avait su résister à cette première tentative, qui ne fut pas la seule dirigée contre ses convictions; car six mois après ce fut le ministère de MM. de Martignac et Hyde de Neuville qu'il fit succéder au cabinet de M. de Villèle. Plus tard encore, ces mêmes tentatives agirent de nouveau au moment où l'ambition et les exigences du parti libéral en France se montrèrent de plus en plus audacieuses. Juillet 1830 fut le résultat de ce fatal tiraillement, de cette double impulsion en sens inverse.

Cependant le Roi, de son côté, afin qu'aucune trace de cet entretien ne se laissât apercevoir, a gaîment interpellé un groupe de gentilshommes, et il s'est informé si M. d'Hanneucourt parvenait à relever le défaut.

— Voyez donc cela, Girardin.

Le premier veneur allait s'avancer, mais il s'arrêta.

Un chien, un seul s'est récrié.

Ceux qui galopaient sur la lisière et sous le manteau de la forêt, cherchant des voies, se sont ralliés.

Ils ont repris la bonne voie ; on a sonné.

Ils se dirigent le long du chemin de Paris à Lyon.

Le cerf a séjourné à la mare des Pressoirs, où il a pris de l'eau.

Il a gagné le long chapelet des rochers d'Avon.

La chasse est lancée, acharnée, et les cavaliers n'hésitent pas à gravir le versant rapide de ces roches. Une plantation de pins maritimes, qui couvre leur crête, donne à toute cette partie de la forêt un aspect méridional. On dirait ces chênes verts du Languedoc ou les pinèdes de la Provence, et cette fraîcheur de verdure contrastait plus frappante avec la teinte automnale de la forêt rouillée par le souffle de ces vents de galerne si connus des chasseurs.

Le Roi n'est point arrêté. Excitant sa monture, on le voit gravir sur les hauteurs des roches. Les longs rameaux des arbres, s'étendant comme des bras, barraient parfois le chemin ; ses genoux étaient froissés par le tronc incliné d'un hêtre ; son cheval prenait son élan et franchissait une excavation de terrain béante sous ses pas.

—Sire, si vous tourniez le chemin?

— Le Roi veut-il que nous appuyions de ce côté?

—Si vous mettiez pied à terre, Sire?

— Allons donc, Messieurs, pourquoi toutes ces craintes? ce sont là les émotions de la chasse..... Ventre-saint-gris ! continue le Roi en voulant rappeler ce mot de Henri IV, je ne veux pas que vous puissiez croire que je fais le *douillet* dans un pareil moment.

Je connais beaucoup de vaillans hommes de guerre qui reculeraient devant les périls d'une pareille course. En vérité, qui pourrait dire où est le courage? Est-il chez le chasseur qui franchit un fossé, une haie ou une muraille, qui gaîment à cheval s'élance ventre à terre sur un terrain glissant et montueux ?

Est-il chez le soldat qui s'avance au pas de charge vers les bouches foudroyantes d'une batterie ?

Est-il chez l'homme qui, par préjugé ou par habitude, est toujours prêt à accepter les chances d'un combat singulier?

Et parmi tous ceux-là, quel est celui auquel le monde doit une admiration à l'exclusion d'un autre?

Charles X possédait la bravoure du chasseur autant que cela se peut; c'est un veneur de la vieille et bonne roche; ceux d'aujourd'hui ne se piquent pas de courage; ils sautent bien les petits fossés, mais ils font le tour des grands. A la vérité ils sont gâtés par toutes les facilités que l'on a multipliées; ils abusent du nombre des routes lisses, peignées et larges dont nos forêts sont percées. Aussi n'est-ce qu'à Fontainebleau, et quelque peu à Marly, que les chasses à courre offrent de ces accidens de terrain qui en rehaussent l'attrait par le péril.

En traversant de l'est à l'ouest de la grande route de Moret, la pyramide, qui paraît au loin comme un fantôme blanc, éveille involontairement le souvenir de nos vieilles traditions que les chroniques historiques rattachent à la forêt de Fontainebleau.

— Quel est ce clocher? demandai-je en montrant

à notre compagnon une flèche simple et modeste dont l'aiguille paraissait à travers la claire-voie des branches dépouillées des arbres.

— C'est l'église d'Avon; elle n'a ni âge ni date. Le village existait avant Fontainebleau, qui pendant plusieurs siècles n'eut pas d'autre église paroissiale que celle-là. Il y a une lieue d'ici à la ville.

Qui dirait que c'est là une église de rois! église de saint Louis, veuve, hélas! de ses bannières conquises en Afrique, de ses reliques, de ses vitraux coloriés, de ses parfums d'encens, de ces chants harmonieux, de sa pourpre et de son hermine fleurdelysée d'or! Qui le dirait, à l'aspect de ces murs délabrés, pauvres et moites d'humidité et de vieillesse?

— Laissons la chasse un instant, si vous le voulez, et arrêtons-nous ici ; l'église d'Avon mérite ce sacrifice.

Les portes étaient ouvertes. Au portail un petit porche de construction moderne et mesquine ; tout autour du vieux bâtiment, que les pluies et le soleil écornent et rongent, sont des croix de bois, des pierres tumulaires. C'est le cimetière du village. L'église a fini par rejeter au dehors les morts qui ne pouvaient plus trouver place sous les dalles de ses basses arcades en ogive.

Quand nous entrâmes, quelques personnes étaient dans le chœur. La nappe et les ornemens de l'autel étaient renouvelés. On parait cet autel, on plaçait des cierges aux chandeliers d'argent plaqué. On mettait quelque peu d'encens dans l'encensoir, et les visages étaient rayonnans comme pour une fête.

Des bouquets à la boutonnière de quelques assistans nous dirent que c'était un mariage.

L'ancien banc de madame de Maintenon, placé à droite en montant, était orné de coussins de velours. Cet appareil inusité, qui contrastait avec la pauvreté de cet intérieur d'église, aurait appelé notre attention, si notre guide, en passant le seuil de la porte, n'eût prononcé les noms de Christine et de Monaldeschi.

Il nous conduisit avec empressement auprès du bénitier.

— Ici, nous dit-il ; à vos pieds , penchez-vous , car l'inscription s'élime chaque jour sous les sabots rustiques des habitans d'Avon.

Sur une pierre d'un pied carré au plus se trouvaient tracées, d'une manière informe, ces lettres, et dans l'ordre qui suit :

CY GÎT

MONADEL

XI

C'est tout (1).

Nous demeurâmes muets et immobiles sur cette pierre, où se lisait une page sanglante de la vie d'une reine vaniteuse et passionnée, jalouse de l'autorité qu'elle n'avait plus. Les détails de la

(1) Depuis quelques mois seulement une nouvelle pierre a été posée à côté de celle-là. Voici ce qu'elle porte en caractères très lisibles : « Eglise paroissiale d'Avon : Le lundi 10 novembre 1657, à cinq heures un quart du jour, ont été déposés près du bénitier les restes du marquis de Monadelchi, grand-écuyer de Reine Christine de Suède, mis à mort dans la galerie des Cerfs du château de Fontainebleau , à trois heures trois quarts du soir. »

la narration du père Lebel vinrent se presser dans notre mémoire, et nous ne trouvâmes plus d'intérêt en nous pour les autres épitaphes qui couvraient les dalles humides et rugueuses de la nef et des galeries latérales, pas même pour celle d'Etienne Bezout et celle d'Aubenton, dont les tombes sont indiquées en dehors de l'église par des pierres scellées au mur à droite et à gauche de la porte.

— Messieurs, nous dit le sacristain, êtes-vous de ces messieurs les gentilshommes qui honoreront de leur présence la bénédiction nuptiale qu'on va donner en cette paroisse?

— Ce serait avec plaisir ; mais nous suivons la chasse ; et Dieu sait où cela nous mènera.

— La cérémonie, Messieurs, n'aura lieu qu'après la prise du premier cerf.

— Qu'y a-t-il donc?

— Puisque vous l'ignorez, Messieurs, voilà ce que c'est. La fille d'un vieux brave soldat que les bontés royales ont amené ici, épouse un garde des domaines du Roi, et le Roi, qui l'a dotée, a fait espérer qu'il passerait au moment de la bénédiction nuptiale.

Nous nous regardâmes avec surprise, et, par une communauté de divination, nous pensâmes au héros de Gibraltar.

— Quel est ce brave ?

— Oh ! il est bien connu celui-là ; il se nomme Jean Leclerc.

— C'est cela.

— La cérémonie ?...

— A une heure.

— Nous n'avons pas de temps à perdre, Messieurs, à cheval.

L'église d'Avon se noie derrière nous dans les bois qui l'enveloppent, elle s'abolit. Ce n'est plus qu'un souvenir.

Nous entendons sonner *la vue* dans la direction des roches de Casse-Pot.

Nous voilà rendus au cœur de ces cantons solennels

et solitaires, auxquels de naïves traditions rattachent de nécromantiques souvenirs. Et le moyen que de superstitieuses idées ne fussent point enfantées au milieu de cette nature bouleversée et incohérente! à la vue de ces montagnes moutonnées de grès carriés, noirs, informes, de ces hêtres élancés dans les airs, inclinés en tous sens, équarris ou ébranchés par la foudre, poussant leurs racines dans les larges intestins des pierres. O la merveilleuse arène, en effet, pour cette chasse du grand-veneur. Vous le savez, la chronique vous l'a dit :

Homme, esprit ou démon, son équipage invisible ne donnait qu'à grand bruit : on entendait retentir des jappemens effroyables, des chœurs de cors barbares et infernaux. — Ne souriez pas, car Henri IV lui-même, chassant un jour dans ces parages de la forêt de Fontainebleau, entendit des sons de cor, des cris de chasseurs et des voix de chiens; ces bruits, d'abord éloignés, grandissaient graduellement et s'approchaient du Roi. Il chargea le comte de Soissons d'aller à la découverte de ce mystère.

Le comte battit la forêt et ne vit rien; mais l'his-

torien Pierre Mathieu assure qu'un visage d'homme,
vêtu de noir, se présentant imprévu dans un fourré
de broussailles, lui cria : M'entendez-vous? puis disparut. Pâle de frayeur, à ces mots, le comte s'était
enfui. C'était le grand-veneur, dirent les pâtres des
environs.

Malheureusement, cette sombre histoire nous fut
racontée sans qu'aucun bruit insolite vînt en augmenter la puissance d'effet; pas un petit hêtre ne se
brisa sous les efforts du vent, pas un oiseau aquati-
que ne s'enleva en poussant un cri sauvage et aigu.

Mais un spectacle inattendu vint suppléer à cette
émotion. Le cerf, poursuivi à outrance, et cédant
à son instinct conservateur, venait de s'engager dans
les inextricables accidens de ces régions du bois; il
parut devant nous sur la crête dentelée des roches,
et les parcourut léger et rapide, en bondissant de
saillie en saillie; on eût dit une hirondelle glissant
sur la surface d'une mer agitée.

Une partie de la meute se montra bientôt sur ses
traces. Meute et cerf se dirigent maintenant vers

la croix de Vitri; de là à la croix d'Augas, et de la croix d'Augas à la croix de Toulouse.

Ce carrefour est le plus vaste parmi tous les autres de la forêt.

Un jour Napoléon, chassant à Fontainebleau, s'égara. Suivi de Roustan, il arriva au carrefour de Toulouse. Là se trouvait un bloc de marbre rouge gisant par terre. Napoléon descendit de cheval et alla s'y poser. Cette halte, comme vous le pensez, était éminemment pittoresque : au centre d'un cadre circulaire formé par un épais rideau d'arbres verts, l'empereur à moitié couché sur ce débris de marbre; son Mameluck, coiffé de son turban, tenant en main deux chevaux et cherchant à découvrir quelque autre auxiliaire de la chasse au fond de la perspective des routes convergentes. M. de l'Herminat, actuellement conservateur, arrive au galop sur les traces de l'Empereur. Napoléon l'interroge, et lui demande d'où venait le marbre sur lequel il se trouvait. — Sire, c'est le socle de la croix de Toulouse; elle existait au milieu du carrefour, et avait été érigée par le comte de Toulouse, grand-veneur et fils de madame de Montespan. C'était ici le rendez-vous de chasse de Saint-Hubert. — Cette croix, qu'est-elle devenue? — Elle fut détruite par la révolution. — Napoléon resta pensif un instant, puis avec un soupir : — Ainsi passent, dit-il, toutes les grandeurs de ce monde ; puis il se mit à siffler : *Malborough s'en va-t-en guerre*, son air favori, monta à cheval, et partit (1).

Deux mois après il y avait une pyramide à la place de l'ancienne croix : l'empire philosophe substitué à la royauté religieuse.

L'heure s'avançait, et le cerf était poursuivi par la meute avec non moins d'ardeur qu'au commencement. Cependant au moment où il parut à la route de Bourgogne, il allait un peu moins rapide et la tête dans terre.

(1) M. de l'Herminat, garde-général sous l'empire, était devenu, pendant la restauration, conservateur des forêts de Fontainebleau et maire de la ville, à laquelle, en cette double qualité, il a rendu de très grands services. Comme officier forestier, magistrat et homme du monde, il y a beaucoup à louer chez M. de l'Herminat. Il est maintenant à la conservation de Compiègne.

Il faut maintenant faire avancer la réserve pour achever la défaite.

Des chiens repris arrivent de toutes parts.

La meute est innombrable.

Les cavaliers innombrables.

Les trompes innombrables.

Par intervalle, on entend le bruit de leurs voix qui s'enfle et devient plus fort ; puis il diminue et cesse pour recommencer plus bruyant.

Le cerf se maintient dans la route de Bourgogne. Il est en avant ; c'est un point. Derrière les chiens et les cavaliers sont d'autres points rangés en ligne. Les pensées qui, comme des lignes droites, partent de chaque point de cette base, et vont là-bas aboutir en faisceau, simulent une figure géométrique. Ce sont les côtés et les subdivisions d'un triangle isocèle. La chasse est un triangle isocèle.

Le cerf appuie vers la droite : on le perd de vue un instant ; il a pris encore de l'avance. Le voilà aux Sablons.

Il traverse le village en tenant les abois. Sur le

seuil des maisons basses, de hardis spectateurs regardent passer la chasse. A chaque fenêtre, au fond
d'un cadre d'herbes grimpantes, paraît un visage de
femme ou d'enfant. Les jeunes filles sourient et
applaudissent à l'audace de ces cavaliers, parmi lesquels elles cherchent à démêler le Roi. Elles suivent
le galop bruyant des chevaux, qui retentit sur le pavé
de la route. Le cerf longe et se presse contre une
muraille de clôture : au-delà, c'est la plaine ; c'est la
campagne avec ses inégalités de terrain, ses buissons,
ses fossés, ses vergers, ses touffes d'arbres ; n'importe :
il franchit cet obstacle. C'est un débûché. Parti dé-
sespéré que celui-là.

A la plaine ! à la plaine !

La chasse court à la plaine.

Le cerf mollit. Ses forces baissent visiblement. Ce
n'est plus dans sa vigueur seule qu'il remet son salut ;
c'est à la ruse aussi qu'il s'adresse. Mais, dans ces
nouvelles voies où il s'est imprudemment engagé, il
ne rencontrera point de ses frères pour se mêler à
eux, confondre leurs fumets et donner le change.

Les exhalaisons de son corps, tout baigné de sueur, laissent un long sillage dans l'air libre des champs. Mais il se rappelle que là-bas, toujours en appuyant vers la gauche, la Seine et la rivière de Loing forment des limites d'eau profondes et larges.

Que de fois, après les ébats d'une nuit de septembre, haletant, il était venu chercher la brise rafraîchissante de ses rives; alors il ne brâmait plus; il restait immobile, les yeux fixés sur cette eau dont la surface, réfléchissant la magnificence du ciel mêlé de nuages blanchâtres, semblait une étoffe bleuâtre brodée de grosses fleurs d'argent.

Ces rives, cette eau deviendraient pour lui une inexpugnable fortification.

Si vous avez assisté à des courses au clocher, ces colins-maillards que l'on joue à cheval et les yeux ouverts, vous avez une idée exacte de ce qu'était alors la chasse.

On entendait partout des cris de cavaliers qui excitaient l'ardeur de leurs bêtes!

—Allons, allons, mon poney!

— A toi la haie !

— A toi le fossé !

— Heupe ! Miss Lee, ma jument !

— Heupe ! heupe !

Nous aurons un hallali dans l'eau, Messieurs, s'é-
cria le vieux gentilhomme tout émerveillé ; il faut
assister à ce spectacle dans toute sa splendeur.

En quelques secondes nous avons gravi la côte
du village de Veneux, et sur le versant qui regarde
la Seine, nous avons pris une position favorable.

Le ravissant paysage ! Que sont les peintres et leur
art impuissant ! Ce n'est pas la nature inerte, morte ;
c'est le paysage animé, vivant, le paysage qui galope
et se modifie avec la course de la chasse.

A nos pieds une prairie coupée de saules et de
filets d'eau qui se crispent comme des vers. La chasse
la parcourt, la chasse à cheval, la chasse en uniforme,
en livrée, avec son cerf et sa meute qui vont presque se toucher, la chasse qui ruse et contourne,
qui suit les anfractuosités des bords, confluens des

deux rivières. Sur la rive opposée de la Seine, des
paysans se sont assemblés pour prendre leur part des
émotions de la crise finale qui approche. Les ba-
teaux qui descendent de Montereau à Paris ralentis-
sent leur marche ; les mariniers suspendent le mouvement de leurs rames. Tout le village de Saint-Ma-
mert, dont les quais longent la rivière de Loing,
assiste aussi à ce spectacle et à ce tableau. Figurez-
vous un horizon immense, des arrière-plans à perte
de vue, des châteaux, des bois, des villages, Moret
par exemple, avec le ton brun de ses maisons et son
antique clocher en forme de minaret. Quelle magnificence !

Tandis que dans la plaine les cavaliers couraient
éperdus sur la trace du cerf, d'autres cavaliers, en
retard ou égarés, surgissaient des bois et débu-
chaient du haut des côtes qui suivent et dominent
la Seine. Leur descente est effrayante à voir ; le talus
presque à pic est hérissé de souches et de roches :
ils se précipitent.

Le cerf s'est mis à l'eau : il traverse un bras de la

Seine et gagne la pointe d'une petite île dont la surface lisse ressemble au dos d'une tortue flottante et
endormie, il n'est qu'à moitié chemin de l'île, et
une partie de la meute est sur ses traces. Mais à peine
a-t-il posé ses pieds à terre qu'il s'arrête pour recevoir ses ennemis à l'abordage. Son attitude est redoutable.

Le premier chien en tête des plus hardis de la
troupe, Marteau, tombe éventré sous le heurt de sa
tête. Les autres assaillans étendent leur ligne d'attaque afin d'envelopper le cerf. Il a deviné cette manœuvre et part au galop jusqu'à l'autre extrémité de
l'île; mais là une autre fraction de la meute, qui a
traversé la rivière, prend terre de ce côté.

Malédiction pour le cerf!

Ses ennemis sortent de dessous terre. Le voilà entre
deux bandes qui s'avancent et hurlent. Il prend aussitôt parti, il se précipite de nouveau dans l'eau pour
revenir sur les mêmes bords qu'il vient de quitter.
Les meutes dont on n'aperçoit que les têtes, navi-

guent à sa suite, et le harcèlent comme des pirates à la poursuite d'un navire qui fuit vent arrière.

Tandis que ces évolutions s'exécutent, la chasse s'est avancée, l'eau du fleuve vient baigner la corne des chevaux. Le cerf a de nouveau touché terre et il se relance ; mais ses membres sont froids et engourdis. Épuisé par sa course, épuisé par sa résistance, épuisé pour avoir nagé deux fois, il fait encore bonne contenance, il frappe tout ce qui l'approche. Une dernière mêlée va s'engager.

La meute des chiens est si confuse déjà, que c'est à peine si l'on distingue autre chose que le bois du cerf au milieu des têtes pressées des assaillans.

Dans la crainte que la victoire ne coûte trop cher aux vainqueurs, le Roi a fait un signe à M. de Vinfrais ; il se saisit de l'arme qui lui est présentée, et sa balle adroite qui part avec sa pensée, va démêler le cerf au milieu de tous les chiens enchevêtrés qui l'accablent.

Le cerf tombe.

Aussitôt les piqueurs accourent. On entend claquer les fouets et commander arrière aux chiens; autrement, dans la rage aveugle qui tient la meute, ils se tueraient eux-mêmes en se disputant leur proie.

Pendant ce temps, M. d'Hanneucourt s'avance vers le Roi.

— Le Roi veut-il de la curée ou ne la veut-il pas?

Selon que Sa Majesté avait disposé de son temps, elle décidait.

— Point de curée chaude aujourd'hui, Messieurs; il ne faut pas oublier que le mariage d'Avon nous attend.

Mais au moment où l'on s'occupait de lever le pied de la bête, une vieille paysanne demandait à parler à S. M.; elle pleurait. L'ordre fut donné de la laisser passer librement.

—Que voulez-vous du Roi? lui dit Charles X avec bonté et de manière à rassurer le plus timide. On sait que rien n'était doux et bon comme son abord.

— Sire, pardonnez-moi : dans notre village, qui est Tomery, le pays des chasselas, à votre service, notre fille, notre seule enfant, est bien malade. On dit comme ça à Tomery, que la croix du cerf fait des miracles dans la maladie qu'a notre pauvre enfant. Je me suis dit, puisqu'il ne faut qu'une croix de cerf pour sauver ma fille, et que je ne sais comment me la procurer, j'attendrai le premier jour où le Roi chassera dans la forêt et j'irai lui compter ma peine. Je faisais donc des vœux tous les jours pour voir venir le Roi à Fontainebleau ; quand ce matin j'ai entendu le bruit du cor, je me suis dit : c'est lui ! mon cœur aussi me disait que oui, je suis parti tout de suite de Tomery, et me voilà, Sire.

LE ROI. Quelle est la maladie de votre fille ?

LA FEMME. Des palpitations de cœur, mon bon Roi.

LE ROI. Avez-vous fait appeler un médecin ?

LA FEMME. Nous n'en avons pas à Tomery.

LE ROI. Qui vous a dit que la croix du cerf était bonne en pareil cas?

LA FEMME. C'est un ancien du pays.

LE ROI (*avec bonté*). Les anciens ont toujours raison.

LA FEMME. Ainsi, mon bon Roi, j'aurai la croix du cerf à l'instant même!

Le Roi fait un signe au commandant de la vénerie.

LA FEMME. Oh! merci, merci, mon bon Roi.

LE ROI. Mais vous a-t-il dit, votre ancien, comment il fallait s'en servir?

LA FEMME. Il suffit de la mettre dans un petit sac et de la porter sur l'estomac à côté d'un crucifix?

LE ROI. A côté d'un crucifix?

LA FEMME. Oui, Sire.

LE ROI. Il a toujours raison; eh bien! ce crucifix l'avez-vous?

LA FEMME. Oui, Sire.

LE ROI. Un crucifix en or?

LA FEMME. Jésus Marie, en or, il ne m'a pas parlé de cela.

LE ROI. Mais c'est de toute nécessité; sans le crucifix d'or la croix de cerf n'agirait pas aussi bien.

LA FEMME. Ah! mon Dieu, mon Dieu, Sire, que me dites-vous là? Qu'est-ce que je vais devenir, et ma pauvre fille?

LE ROI. Procurez-vous cette croix... et voici tout ce qu'il faut pour cela... prenez; demain Monsieur le docteur Voisin ira vous voir à Tomery.

LA FEMME. Le médecin de la vénerie?

LE ROI. Lui-même, il verra votre fille et vous dira tout ce qu'il y aura à faire pour lui rendre la santé... indépendamment de la croix du cerf. Promettez-moi seulement de ne rien commencer avant qu'il ait vu votre fille.

LA FEMME (à moitié suffoquée par son émotion). Sire, je ferai tout ce que vous me dites.

LE ROI. Vous pouvez retourner maintenant à Tomery, auprès de votre fille.

LA FEMME. Non, Sire, je m'en vais de ce pas à l'église.

LE ROI. Pourquoi?

LA FEMME. Prier Dieu pour le Roi.

« A moitié chemin d'Avon, le cortége de chasse rencontra sur la route de Bourgogne, une troupe de

paysans qui venaient dans la direction opposée. Par
un mouvement unanime, ils s'arrêtent, s'empressent
autour de Sa Majesté, et saluent son passage en
criant *Vive le Roi !* Ces acclamations étaient si mar-
quées de sincérité que le Roi en parut fort touché.
A son tour il s'arrête et s'informe de l'un deux
quel était leur village.

— Sire, c'est Champagny.

— C'est bien, mon ami, dit le Roi. Dans ce cas,
vivent les habitans de Champagny !

Ces bonnes gens, étonnés d'abord, finissent par
croire que c'était un ordre que leur donnait le Roi,
et dans leur désir de lui obéir, eux aussi se mirent
à crier plus fort, vivent les habitans de Champagny !

Le Roi reprit sa marche après avoir de nouveau
salué, mais en riant de bon cœur.

Henri IV, de spirituelle et bonne mémoire, n'aurait pas mieux fait.

Madame la Dauphine avait précédé son père à
Avon. Elle occupait le banc de madame de Maintenon. Quand le Roi arriva suivi des gentilshommes

en costume de chasse, et qu'on vit tout ce monde
éclatant se presser contre les vieux fracs des paysans et
les habits plus simples et plus modestes des spectateurs sans caractère officiel, on aurait eu peine à reconnaître cette pauvre petite église d'Avon, si déla-
brée et d'ordinaire si déserte. Elle semblait être
revenue aux beaux jours de sa splendeur. Son enceinte ne suffisait pas à l'affluence des personnes
qui voulaient voir. Les douze cents âmes que renferme la commune, avaient su laisser cette fois
leurs travaux pour prendre le chemin de la paroisse ;
leur ferveur s'était ranimée par le royal appareil de
la cérémonie, tant il est vrai qu'à notre époque il
n'y a plus que les âmes froides au sentiment qui
soient athées ! et à celles-là, quelque peu de poésie
suffira toujours pour les ramener.

Aux monumens comme aux personnes, il faut
un certain concours de circonstances qui en rehaussent l'éclat et la majesté : ce sont comme des
cadres ou des fonds de tableaux calculés pour faire
ressortir toute la beauté et la précision du sujet
principal.

« Qu'elle était jolie ainsi cette petite église d'Avon,
avec sa noble assemblée, la foule qui se pressait sous
ces basses arcades !

« Mais qu'elle était mieux encore cette femme age-
nouillée qui priait ! Qu'elle était bien ainsi à sa vraie
place ! Dites-moi quel autre lieu pourrait s'identifier et
s'harmonier plus étroitement avec ce visage pâle et
résigné, avec cette existence de larmes ; avec la vertu
élevée si haut que toutes les gloires humaines durent
se courber devant elle ? Aux femmes nées dans la
pourpre et dont un trône fut le berceau, la splendeur des fêtes, la pompe des cours, les palais et les
joies de ce monde ; mais à l'ange de charité et de
pardon qui, les ailes déployées, est prêt à s'élever au
ciel, il faut l'encens de l'église, le silence, et le recueillement de la prière.

« Le Roi, étant placé dans le chœur, la messe, qui
depuis long-temps ne s'était dite si tard dans le village,
commença immédiatement.

Les regards de l'assistance entière se portent tantôt

avec le plus vif intérêt sur le Roi, tantôt sur un vieux
soldat debout à quelques pas de lui et dont le visage
né manquait pas d'un certain caractère de force et
de dignité. C'était le héros du camp de Saint-Roch:
Jean Leclerc. Tantôt encore les regards allaient
chercher la jeune mariée courbée devant l'autel;
mais ce centre du tableau n'en était toutefois qu'un
détail. Seulement, les jeunes filles d'Avon et celles
venues de Fontainebleau qui n'avaient jamais vu
robe de mariée plus simple et plus élégante, jamais
bouquet virginal plus flexible et plus étincelant, de-
mandaient tout bas à la Providence de leur accorder, à leur tour, une princesse pour patronne. Il
fallait que tout fût au niveau de cette noble assemblée. Aussi le curé ne faillit point à prononcer l'allocu-
tion d'usage. Il tâcha même d'y mêler quelques mots
qui voulaient rappeler Saint-Germain-l'Auxerrois ou
la chapelle royale. Il complimenta souvent le Roi,
parla surtout de ses pauvres, et fit si bien que
Charles X resta à l'église et vit compléter les détails
de cette bénédiction.

Jamais fleur modeste d'éloquence n'avait produit
de plus opulentes récoltes; et le comte de Girardin.

au moment où il sortait, fit très spirituellement remarquer qu'une toile d'araignée qui, en entrant, couvrait l'ouverture d'un petit tronc scellé au premier
pilier de l'église, n'existait plus !

A trois heures le Roi était rentré au château de
Fontainebleau ; il avait renoncé à l'attaque du second
cerf, ce dont les veneurs à la vivacité toujours zélée
furent fort marris.

MARLY.

MARLY.

<hr>

SIMON LE BRACONNIER.

✿✿✿

Peu de gens connaissent , je crois , le village de
Noisy. La route qui y conduit est si détournée, si di-
vergente avec les principales voies des environs de
Paris , que cela ne me surprend pas. Cependant il y
a peu de villages plus délicieusement égarés que ce-

lui-ci, avec ses maisons blanches et ses rouges faîtières,
tranchant sur le vert foncé des chênes dont se coiffe
la montagne qui le protège contre les vents du nord.
Il est bâti sur la lisière et en dehors de la forêt de
Marly. Quand on arrive du côté de la plaine, Noisy,
dont toutes les habitations se détachent comme les
pièces d'un échiquier, ne ressemble pas mal de loin
à certains ouvrages de fortifications; mais cet effet
d'optique se modifie à mesure qu'on approche, au
point de disparaître bientôt entièrement. Alors, pour
peu qu'on veuille chercher une compensation à cette
sorte de mécompte que l'on éprouve, il faut se retourner et jeter un regard sur le chemin que l'on a
parcouru. Dans ce mouvement rétrospectif, vous
résumez toutes les sensations que l'aspect de la campagne peut produire.

Au-dessus de Noisy est une grande porte en pierres
de taille, dont la vue contribue beaucoup à augmenter de loin cette fantasmagorie de fortifications dont
je vous ai parlé : c'est un produit architectural dans
le goût épais du règne de Louis XV, et qui, tel qu'il
est, me semble préférable à toutes les imitations du

style grec, sous lesquelles notre époque cherche or-
gueilleusement à cacher sa nullité artielle.

C'est par cette porte que le roi Charles X surgis-
sait d'habitude quand il chassait dans la forêt de
Marly. Les nombreuses inflexions du terrain, ses
éternelles montées, puis ses creux, dont la déclivité
est si entraînante, s'opposaient à ce qu'on pût y
courre le cerf, quoique la forêt contînt une abondante réserve de ces animaux. On n'y faisait guère
que des houraillers (1), c'est-à-dire la chasse royale
aux tracs, ainsi désignée, en langue de vénerie, à
cause des chiens de chasse hourets, dont on se servait pour battre les bois, et qu'on excitait, par le *hou,
hou,* à harceler les bêtes pour les faire débusquer.

C'étaient, je vous le certifie, de grands jours de
fête que ceux-là, pour toutes les campagnes avoisi-
nant la forêt ; mais c'était Noisy surtout qu'il fallait
voir quand on recevait la nouvelle qu'un hourailler
devait avoir lieu. Comme toute cette population de
paysans était endimanchée, peignée, rasée et pim-

____

(1) On dit aussi houraillement.

pante dès l'aube ! les nécessiteux savaient que ce serait une journée où le pain ne leur manquerait pas. L'officier des chasses chargé d'exécuter les ordres relatifs aux houraillers, les trouvait tout prêts, assemblés en troupes nombreuses, et il n'avait qu'à les diriger sur divers cantons. Alors leurs bandes joyeuses se répandaient sous les futaies et dans les carrefours du bois. La plupart d'entre eux profitaient de l'occasion pour étudier les localités giboyeuses, afin d'en tirer parti plus tard dans leurs propres intérêts; car ils exploitaient impitoyablement les domaines du Roi par un système de braconage réglé, auquel toute la surveillance des gardes-chasse ne pouvait remédier. Le plus célèbre de ces batteurs était Simon Larcher.

— Quel est donc celui qui, parmi les gens de la suite du Roi, n'a pas connu Simon Larcher? Simon Larcher, avec ses cheveux rouges et plats, ses yeux gris et pénétrans, et dont la réputation de vaurien et d'adroit tireur était connue à six lieues à la ronde? On ne pouvait lui opposer d'autre rival que Barbier, dit Lapalette, la célébrité braconnière du village de

l'Etang. On devait même à celui-ci une assez plai-
sante parodie de l'aristocratie des chasses. Ce Barbier
s'était formé une petite troupe, qui, dans leurs ex-
péditions illicites, ne le désignait jamais que sous le
nom de comte de Girardin; tandis que Favro, un
de ses lieutenans, se faisait appeler du nom du conservateur, le comte de Saint-Projet. Mais cette renommée ne venait pas à celle de Simon Larcher.

Presque toujours le canton où il se trouvait était
celui où la battue était la plus complète. Lorsque le
gibier n'avançait pas, ou qu'il se détournait de la voie,
on en concluait sur-le-champ que Simon n'était pas
là, et rarement cette explication se trouvait en défaut; enfin son nom avait acquis une telle célébrité, qu'il avait fini par arriver jusqu'aux oreilles du
Roi.

Le souvenir de cet homme extraordinaire qui, en
Hongrie comme en Ecosse, n'eût pas manqué de
passer pour un véritable Robin des Bois, se rattache
si tragiquement aux souvenirs qui m'occupent, que
je ne résiste pas, chemin faisant, au désir de vous
faire faire connaissance avec lui.

J'avais tant entendu parler de Simon, sur le
compte duquel se débitaient des versions absurdes
et contradictoires, comme c'est l'usage, qu'un jour
la fantaisie me prit d'entrer chez lui. J'avoue que
l'apparence extérieure de son habitation n'était pas
faite pour détruire l'impression qu'avaient laissée
en moi les propos défavorables dont il était l'objet.

Après avoir franchi une espèce de seuil en bois
de chêne, haut de trois ou quatre pouces, je me
trouvai dans une petite pièce dont le sol était salpê-
tré et inégal; presque tous les carreaux de vitre
étaient brisés et remplacés par des tampons de vieux
linge. Il y avait dans le mur des fissures et des cre-
vasses à travers lesquelles perçaient péniblement
quelques rayons de soleil. A droite, en entrant, se
trouvait la vaste cheminée où fumaient quelques
morceaux de bois vert; Simon était assis tout près,
et s'occupait à tordre un fil de fer. A ses pieds repo-
saient un épagneul et deux bassets noirs. Sa femme,
jadis jolie, m'avait-on dit, mais alors desséchée et
flétrie, était accroupie près de l'âtre; deux enfans,
l'un de cinq ans, l'autre de sept environ, roulaient

sur le sol , dans un état peu différent de la nudité.
Pour, tout ameublement , je remarquai une table
sur laquelle gisaient plusieurs numéros du *Constitu-*
tionnel; quatre chaises , jadis foncées de paille , mais
dont il ne restait que le bois ; deux ou trois tabou-
rets et un petit banc ; des bottes crottées, des guêtres
de cuir, de gros souliers cloutés étaient éparpillés çà
et là dans la chambre ; mais, par suite d'une précau-
tion raffinée, on ne voyait dans cet intérieur aucun
attirail de chasse ou de pêche. Sur la poutre qui tra-
versait le plafond par le milieu, il n'y avait point de
fusil suspendu horizontalement ; point de carnassière,
teinte de différentes nuances de sang, accrochée à la
muraille ; des poires à poudre et des sacs à plomb ne
pendillaient point en festons au dessus de la cheminée ; on ne voyait rien de tout cela, et il n'aurait rien
moins fallu sans doute qu'une visite minutieuse sous
ce toit misérable pour découvrir dans quelque coin
obscur les témoignages délateurs du métier auquel
se livrait Simon.

Les chiens, dont la voix s'était fait entendre même
avant que j'eusse frappé à la porte, ne, m'eurent pas

plutôt aperçu, que, d'un accord spontané, ils se
dressèrent sur leurs pattes et se mirent à grogner en
me montrant la double rangée de leurs dents blanches
et aiguës. Simon leur fit un geste, et les chiens se
taisant à l'instant, allèrent se coucher dans un coin
de la chambre.

Il me fut aisé de m'apercevoir, par la contenance
embarrassée de tous ceux qui étaient alors présens,
que Simon n'était pas accoutumé à recevoir des visites. Lorsqu'il m'eut reconnu, il se trouva si étran-
gement troublé que le fil de fer sur lequel il travaillait s'échappa de ses mains; il se leva, découvrit sa
tête et resta immobile et droit devant moi. Sa femme
parut être clouée à sa place, le tapage et le vagisse-
ment des enfans avaient cessé, comme par magie, à
l'instant même où j'avais levé la cadole de la porte
d'entrée.

— Monsieur le comte! » dit-il, et il se tut.

La surprise lui paralysait la langue.

— Qu'y avait-il, en effet, de commun entre lui et

moi (1)? par quelle combinaison de choses pouvions-
nous avoir quelques différends à démêler ensemble, lui, Simon, le pauvre braconnier qu'on regardait à peine, et moi, qu'il avait vu si souvent à la suite
du Roi, parlant à Sa Majesté, riant avec Sa Majesté?
Était-ce un funeste ou un heureux présage pour lui
que ma venue? Évidemment sa tête s'y perdait; ses
yeux interrogeaient tour à tour mes yeux, mes mains,
mes habits, avec une anxiété intraduisible. Je m'em-
pressai de mettre un terme au trouble qui se manifestait dans tout son être, en lui adressant la parole
avec une bienveillance marquée.

— Simon, lui dis-je, je suis chargé par le Roi de
m'enquérir de tous les pauvres de ce canton, et de
donner quelques soulagemens à ceux qui sont les
plus dignes d'intérêt. Plusieurs fois j'ai pris des infor-
mations sur votre compte, et, pardonnez à ma franchise, comme elles n'ont pas toujours été en votre
faveur, j'ai voulu vous voir moi-même avant que de
vous frustrer de la part qui revient à tout pauvre

(1) Ces souvenirs sont ceux d'un gentilhomme de la cour de
Charles X.

honnête homme dans les libéralités du Roi. Comment
se fait-il, Simon, que vous ayez une aussi mauvaise
réputation dans le pays ? Voyons, dites-moi cela.

— En vérité, Monsieur le comte, je ne puis guère
vous répondre : je sais très bien que je ne suis pas
aimé, et il me vient en tête quelquefois que c'est
peut-être à cause de mon caractère un peu sauvage.
Hors cela, foi de Simon, je ne peux pas m'expliquer
le mauvais renom qu'on me fait si gratuitement.

— Cependant, s'il en faut croire la voix publique,
Simon, vous êtes un braconnier, et le braconnage est
contraire aux lois : c'est un délit maintenant ; autrefois c'était bien plus.

— C'est vrai, Monsieur le comte, et qui sait ? peut-
être bien que le temps viendra où ce ne sera plus
rien du tout. Je n'ignore pas que les lois du code sont
contre moi, mais ce que les hommes font, c'est pé-
rissable, ça n'a qu'un temps, voyez-vous, et comme la
nature n'a pas défendu à un malheureux, quand il a
des enfans qui ont faim, de leur donner quelque

chose pour les empêcher de mourir, je me sers de
mon adresse et je laisse dire le monde.

— Vous ne faites donc pas métier de vendre le gibier que vous prenez?

— Jamais, Monsieur le comte, cela ne m'est arrivé; je vous en donne ma parole d'honneur.

Notre entretien se prolongea pendant quelque
temps sur ce sujet, bien que j'eusse essayé plus d'une
fois d'en changer pour présenter au caractère de Simon
l'occasion de se montrer tel qu'il était. Le résultat de
toutes mes tentatives fut de me convaincre que Simon
avait en lui tout ce qu'il fallait pour faire un honnête
homme, et je fus si pénétré de cette idée que, au moment où je me levai pour quitter sa chaumière, le sentiment qui me domina était celui de la compassion.
A mes yeux, Simon était non seulement une victime
de la misère, mais encore la dupe des rêveries de nos
émancipeurs; le libéralisme de cette époque avait
faussé son bon sens. En sorte que je demeurai convaincu, après tout, que Simon devait être d'un mau-

vais exemple pour le village, et ce fut pour cela qu'il, me vint à la pensée de le détourner de la route où je le voyais si déplorablement engagé, en lui fournissant les moyens de soutenir sa famille pendant quelque temps, sans recourir au braconnage.

—Voici, lui dis-je, une marque de la bonté du Roi. Sa Majesté m'a chargé de vous apporter cela ; et en parlant ainsi je tirai de ma poche un rouleau contenant, je crois, 150 francs.

Au bruit que fit l'argent en tombant sur la table, tous les hôtes de la chaumière, femme, enfans, et Simon lui-même, lancèrent les yeux de mon côté avec une curiosité avide.

—Oh ! Monsieur le comte ! que Sa Majesté soit bénie ! Mais comment a-t-elle pu savoir qu'il y avait ici des malheureux à soulager ?

—Que cela ne vous surprenne pas, Simon, les pauvres, en France, composent le patrimoine de prédilection du Roi et de sa famille. Il est rare qu'il ne dépiste le malheur partout où il se cache, pour accourir à son aide. Prenez, et ne manquez pas de vous trouver à la prochaine chasse ; d'ici là, j'aurai parlé de vous à Sa Majesté, qui ne connaît encore de Simon que sa réputation d'adroit arquebusier. Je puis vous donner l'assurance que Sa Majesté daignera songer à améliorer votre situation.

Ces dernières paroles parurent produire une vive et forte impression sur le braconnier. A travers sa grossière et rude enveloppe, je vis que son ame avait été touchée, et il se serait peut-être volontiers jeté sur la main qui le secourait, pour la presser sur ses lèvres, si un orgueil mal comprimé n'avait arrêté visiblement l'effusion de sa reconnaissance.

Dès le même soir, l'occasion se présenta pour moi de dire quelques mots de Simon. Ce fut dans les appartemens de madame la Dauphine, où le Roi descendait ordinairement le soir à neuf heures environ, par un escalier intérieur. Sa Majesté jouait au whist ; elle avait admis à faire sa partie M. le comte de Pradel, les ducs de Grammont, de Fitz-James et de Maillé.

Et ici je vous dirai une impression dont je n'ai jamais pu me défendre toutes les fois que mon service me donnait accès au milieu de ces intérieurs royaux, où tant de simplicité s'alliait à tant de grandeur. Je me sentais saisi de je ne sais quel sentiment de respect et de vénération, à peu près semblable à celui qui s'empare de nous dans quelque vieille et grande église.

Pour bien comprendre cette émotion, figurez-vous un salon où l'art s'est efforcé de déguiser ou de cacher la splendeur et l'opulence du trône. Une table est là dans un coin ; des bougies chaperonnées d'un abat-jour vert, répandent leur pâle clarté sur de nobles et graves visages. Ces visages sont ceux de quatre vieillards ; l'un d'eux est le Roi de France.

Madame était auprès d'une autre petite table et travaillait à faire de la tapisserie. Il m'a été rarement accordé de jeter les yeux sur cette femme, sans trouver imprimé à son front la plus pénétrante mé-

lancolie. Le passé avec ses douloureux ressentimens,
l'avenir avec ses lourdes et ténébreuses menaces, la
plongeaient dans une inquiète et constante préoc-
cupation.

Tous ces personnages, dont les noms sont
comme des chaînes liant le passé au présent, parlaient peu. A de rares intervalles, une réflexion fine
et pleine de sens était faite par M. le duc de Fitz-
James; le duc de Maillé répondait, puis le Roi laissait aller une plaisanterie, à laquelle la Dauphine
souriait légèrement; sourire triste comme un rayon
de soleil glissant sur une feuille d'automne. Après,
le silence régnait de nouveau, et l'on n'entendait
dans ces intervalles que le son métallique des jetons
après chaque rob, et le froissement des cartes, qui
semblaient chuchoter entre elles. Au-dessus de ces
têtes animées, mais toujours graves, des têtes de
statues placées aux quatre angles du salon assistaient
à cette scène, avec leur immobilité, leur mutisme de
marbre. Seules elles se penchaient curieusement par
dessus les joueurs.

—Je vous remercie, Monsieur le comte, me dit

le Roi, à qui j'avais raconté, dans la soirée, ma visite chez Simon ; vous avez parfaitement interprêté mes intentions, j'approuve vos libéralités. Il ne faut rien épargner pour ramener cet homme à une existence régulière : ce sera d'un bon exemple pour mon village de Noisy. Vous me le présenterez demain à la chasse, Monsieur le comte ; je veux le voir.

Je compris par ces mots que les ordres pour un hourailler avaient été donnés l'avant-veille ; l'usage de la cour était ainsi : les ordres devançaient la chasse de quarante-huit heures au moins.

Au jour indiqué, le valet-de-chambre de service entrait dans les appartemens du Roi en disant : « Sire, il est six heures, voici la tasse de camomille de Votre Majesté. — Quel temps fait-il ? » demandait le Roi ; et, suivant la réponse qui lui était faite, il se mettait sur pied ou restait couché, mais jamais au-delà de sept heures et demie.

On apportait tous les journaux et un bulletin de la police, que le Roi lisait attentivement. Ordinairement il déjeunait tout seul, mais il dérogeait à cette étiquette les jours de chasse seulement. Alors, le capitaine des gardes et ceux qui devaient le suivre déjeunaient avec Sa Majesté. Le repas avait lieu dans un cabinet qui était entre la chambre à coucher et le cabinet de travail. Monseigneur le duc de Bordeaux et Madame venaient à ce déjeuner et se mettaient à côté du Roi ; madame la Dauphine y assistait, mais elle ne mangeait rien.

Un jour le jeune Duc, qui figurait le surlendemain dans l'une des cérémonies de l'ordre du Saint-Esprit, était venu se montrer à son grand-père, vêtu du brillant costume de colonel dont il devait être paré pour cette solennité.

Le prince trouvant que le Roi tardait trop à paraître, au gré de sa juvénile impatience, allait et venait à grands pas, s'agitait beaucoup et jouait avec le sabre qui pendait à ses côtés. Dans un de ses mouvemens le sabre sortit de son fourreau et tomba. Je m'avançai avec précipitation pour le lui ramasser, mais il me prévint et courut à son arme sur laquelle il posa le pied, et se mit à me regarder dans une atti-

tude vraiment martiale : son œil flamboyait. On aurait eu peine à croire que ce n'était qu'un enfant. —
Bien, Monseigneur, lui dis-je, vous avez raison, personne ne doit être appelé à toucher les armes d'un
Bourbon.

C'était aux mois de mai et de juin que les houraillers avaient lieu dans la forêt de Marly. Le temps
les favorisait presque toujours. Le Roi, accompagné
de monseigneur le Dauphin et du capitaine des
gardes, montait dans son carrosse ordinaire, attelé
de huit chevaux, et conduit par un lourd cocher et
par un postillon à grosses bottes.

C'était en dépit de la mode, qui, pour ces sortes
de courses, voulait l'attelage à la Daumont, bien plus
roulant et plus léger. Mais le Roi n'aimait la mode
en rien. Jamais il n'avait voulu, non plus, se servir
du fusil à piston : il est vrai qu'il eût été impossible
de mieux tirer qu'il le faisait avec l'ancien système à
pierre, dont il se servait depuis soixante ans.

Le Roi, très ponctuel en toutes choses, n'arrivait

ni avant ni après l'heure du rendez-vous. La moindre
faute de ses gens, sur ce point, excitait son mécontentement; il le témoignait même avec une assez
grande vivacité, et néanmoins son expression était
aussitôt adoucie par un mot obligeant adressé à celui
qui avait mérité le reproche.

Le Roi descendait de voiture au milieu de la foule
empressée, qui se heurtait pour s'approcher de sa
personne. Comme le chêne de Saint-Louis se métamorphosait en palais de justice, de même cette place
en plein air se métamorphosait souvent en salle
d'audience : les personnes de distinction, habitant
les environs, étaient sûres, quand elles se présentaient, de recevoir le meilleur accueil. Le comte et
la comtesse Étienne de Durfort étaient de ce nombre.

Avant de se rendre à la première battue, le Roi
s'entretenait un moment avec le premier veneur,
s'informait des sangliers à la bauge, qu'il aimait
beaucoup à aborder seul, et que l'on était soigneux
de faire détourner le matin. S'il s'en trouvait auprès
du rendez-vous, il y allait accompagné seulement des

gardes qui avaient la bête ; et c'était une chose très
curieuse que de le voir au travers du bois, et souvent
dans les fourrés les plus épais, se glisser doucement
et s'approcher, puis décharger son arme, dont le coup
manquait rarement le but.

Quand l'animal était mort, on l'apportait à la route,
où le Roi l'examinait, jugeait son âge, et expliquait en
connaisseur consommé les particularités qu'il pouvait présenter ; s'il n'était que blessé, des chiens
hourets, tenus en laisse, étaient découplés, des
hommes à pied les excitaient de la voix et couraient avec eux pour les déterminer à l'attaque ; le
Roi montait à cheval et suivait ; il arrivait au sanglier
faisant tête aux chiens, et il l'achevait alors.

Le Roi est revenu sur la place où la foule est
assemblée, car la scène qui vient de se passer n'est
qu'un préliminaire, qu'un hors-d'œuvre dans l'hourailler ; c'est un prélude où Sa Majesté seule a
figuré, et qui se répète toutes les fois que la marche
de la chasse conduit le Roi près de l'enceinte où des
sangliers sont à la bauge.

—Et maintenant que tous les acteurs et les spectateurs sont là réunis en groupe, le Roi va se mettre
en marche pour se rendre à la battue.

Son cheval lui est amené.

—Le Roi dit gaîment, Messieurs, vous allez voir
deux vieillards l'un sur l'autre.

Le mot a fait fortune, car tout le monde sait que
Stranger, la monture favorite du Roi, était depuis
long-temps à son service.

Le Dauphin s'est placé à côté de son père. Les
officiers de service et les gens vont suivre. Tout
ce monde égrainé s'agite ensemble. Le Roi est
parti; son cheval est au pas; il cause avec les personnes qui l'entourent; sa gaîté se communique;
sur chaque visage règne un air de satisfaction et de
joie. Le soleil est là-bas, derrière les futaies,
et darde ses rayons obliques à travers le réseau des
branches entre-croisées; leur lumière ainsi brisée
tombe en mouches d'or sur le sol, sur les troncs
noirs et lisses des hauts chênes, et fait chatoyer le-

retroussis des feuilles. La tête des trembles frémit,
le panache des peupliers se courbe et se relève; on
dirait que toute cette nature festoie et salue la bienvenue du monarque. Assistez avec moi à ce défilé :
voyez ce cortége de roi, de princes, de célébrités
étrangères et nationales, qui marchent sous ces om-
brages si calmes et si perdus.

Celui que vous voyez passer maintenant est M. le
comte de Girardin, le premier veneur; vous le connaissez déjà. Son habit bleu et droit n'a rien qui le
distingue des autres cavaliers; mais, sous cet uniforme, il y a vraiment un esprit intelligent pour lequel l'administration de la vénerie n'est qu'un jeu.
Il cause, comme à son ordinaire, avec le général
Daumont, l'un des écuyers cavalcadours du Roi,
surnommé le *Gai-Hussard*, à cause de l'extrême
originalité de ses façons et de ses saillies. Je parierais
bien qu'ils s'excriment sur une question politique, à
moins qu'ils ne discutent quelque point de théorie ou
de manœuvre militaire. Au fait, je me souviens que,
dans une précédente chasse, je les ai vus contro-
verser si chaudement sur la manière la plus sûre de

prendre l'étrier dans une charge de cavalerie, que, dé-
gaînant leur couteau, ils furent sur le point de joindre
la pratique à la théorie, en se chargeant mutuellement.

À côté du colonel Freemantle et de quelques seigneurs anglais, le prince de Saxe-Cobourg, ce pen-
sionnaire si onéreux alors de la Grande-Bretagne,
déploie son dandysme anglais enté sur une bonne et
simple tournure germanique.

Cet homme de belle et haute stature qui monte
cette jument bai-clair, c'est le général Vincent.
Il a servi avec beaucoup d'éclat pendant les guerres
de l'Empire. Son corps est comme un guidon de
Fontenay, troué par la mitraille.

Le comte l'Espérance de l'Aigle! Je vais vous
dire le bon mot héraldique qui compose le blason
et la devise de sa famille. C'est un aigle regardant
le soleil. Un gentilhomme de ses ancêtres se trouvant sur le passage de Louis XIV, dans un de ses
voyages, le regardait fixement et sans avoir l'air de
partager l'impression générale qu'excitait toujours

la personne du grand Roi. Louis XIV en fut étonné. « Monsieur, lui dit-il, en souriant, vous me regardez bien fixement. Comment vous nommez-vous? — Sire, je me nomme l'Aigle; Votre Majesté sait que l'aigle seul peut *fixer* le soleil. » La saillie parut d'autant plus heureuse que Louis XIV avait adopté pour emblème un soleil avec cette devise : *Nec pluribus impar.* « Vous avez de l'esprit, lui répondit le Roi. Eh bien, je veux que le mot reste dans votre famille; il sera dorénavant le sujet de vos armoiries. »

M. le duc de Mouchy ne s'occupe pas moins de sa toilette que de celle des autres. Il est rare qu'en causant avec vous son coup d'œil scrutateur ne semble vous dire qu'il approuve ou qu'il blâme quelque partie de votre ajustement. C'est, dans toute la recherche de l'élégance moderne, une vivante tradition des bonnes façons d'autrefois.

M. Numancé de Girardin, commandant des chasses à tir depuis 1828, époque à laquelle il avait succédé à M. Cazin. Il doit à la faveur de son oncle les bontés particulières du Roi et du Dauphin, qui le traitent en enfant gâté. C'est à peu près le seul homme qui prenne son franc-parler avec Sa Majesté. Je lui ai entendu dire au Roi, pendant le calamiteux hiver de 1829, et à propos de ce bal de l'Opéra au profit des indigens, qui n'était encore qu'en projet : « Je crois que le Roi ferait bien d'y venir. » Pour qui connaît la cour, cet avis était assurément d'une grande familiarité (1).

« Voici l'antique madame de Miran. Parbleu! sans elle la chasse ne pourrait pas se faire. Elle n'en échappe pas une. Elle vient ici faire sa cour au Roi. De temps immémorial, madame de Miran est connue pour aimer beaucoup le gibier du Roi.

« Monsieur le comte Hocquart, l'un des officiers supérieurs des anciens gardes de *Monsieur*. Si vous

---

(1) Dans ce même entretien, le Roi demanda avec intérêt : « Quelles étaient les dames patronesses du bal?—Sire, je vous indiquerai, entre autres, madame Joseph Périer. —Ah! reprit le Roi, madame Joseph Périer! tant mieux, c'est une des brunes les plus piquantes que j'aie vues. Depuis quelques années je ne l'ai pas aperçue; mais en 1815 elle me frappa. » Madame Périer ne fut pas insensible à cette galanterie du Roi, que quelques attentifs s'étaient empressés de lui rapporter.

aviez à personnifier la franchise du gentilhomme, le dévoûment à ses princes, la sûreté dans les relations de la vie, vous auriez là sous vos yeux le modèle le plus complet. M. le comte est le descendant de madame Pourrat, non moins célèbre par son esprit et son mérite individuel que par le mot de Voltaire. Un jour il avait défendu sa porte pour tout le monde, la mesure n'admettait aucune exception; un domestique se présente à lui, et annonce en hésitant que c'est madame Pourrat qui est là et qui demande à entrer. — C'est différent, s'écria monsieur de Voltaire, madame Pourrat... tout ce qu'elle voudra. Le mot est resté dans la famille spirituellement aristocratique de M. le comte Hocquart, où on le cite parfois avec autant de plaisir que d'autres mettraient à rappeler un mot du roi Louis XIV ou de François Iᵉʳ.

Madame la vicomtesse de Noailles est l'élégante amazone que M. Bozon de Périgord vient de saluer. Rien de plus spirituel, de plus délicieux que sa conversation. C'est une des preuves les plus remarquables qu'une certaine affectation ne nuit pas toujours aux

succès, dans le monde, et qu'on peut exercer un
grand ascendant dans les salons; tout en laissant percer le sentiment intime que l'on a de sa supériorité. [illegible]
[illegible]

Ce dernier cavalier est le duc d'Esclignac, parent
du Roi Louis XVIII, par sa mère. Il a commencé sa
carrière militaire sous l'empire comme simple soldat.
La naissance et la vie de cet homme sont un ana-
chronisme : il appartient aux temps héroïques. [illegible]
[illegible]
[illegible]
[illegible]

Nous touchons aux abris : les tireurs descendent
de cheval, et les chevaux, conduits par des palefreniers, ainsi que les voitures, sont renvoyés à une
place éloignée et hors de la direction des coups de
fusil.

Quand tout le monde est à son poste, il se fait
un moment de profond silence : les causeries cessent,
les narrations sont interrompues; on est dans l'attente.
Tout à coup le signal est donné par le conservateur;
il est transmis avec une rapidité télégraphique sur

toute, la ligne où les batteurs sont échelonnés à
l'avance. Des houras retentissent ; mille cris, mille
clameurs glapissantes s'élèvent, mordent, sillonnent
et déchirent l'air ; elles grossissent de moment en
moment ; il est facile de distinguer que l'enceinte
circulaire formée par les batteurs se rétrécit, et que
ces bruits et ces voix éparpillés d'abord sur une vaste
corde, convergent maintenant vers un centre, et
semblent se condenser, comme un bloc. C'est que
les batteurs approchent : ils refoulent le gibier, qui,
les sentant si près de lui, fuit de toute sa force ; il
fuit long-temps, il fuit très loin, il fuit toujours,
selon l'expression de Buffon, en allant dans la seule
direction où rien ne lui barre le passage ; car, dans
sa mémoire instinctive, à l'occasion d'un bruit pareil, il se rappelle avoir été blessé ou poursuivi autrefois.

Mais souvent le sanglier, à qui un instinct révéla-
teur ou un souvenir plus intuitif fait pressentir le
péril qui l'attend au bout de cette voie, où nul obstacle ne se présente d'abord à lui, s'arrête tout à coup,
s'agite, s'inquiète, tourne sur lui-même, puis se déter-

mine à chercher son salut dans une autre direction en forçant la ligne qui l'enserre aux trois quarts. Alors, malheur aux batteurs qui se trouvent sur son chemin ! malheur à cette barrière de chair et d'os, il l'abattra sans miséricorde. Et ce sont là des incidens qui n'arrêtent pas la battue ; elle continue plus vive, les rangs se resserrent comme après une trouée faite au front d'un bataillon par le choc d'un boulet.

De nouveaux cris se font entendre, le tumulte est général ; les hommes qui sont occupés à charger et à recharger les armes, ceux qui les portent, se cachent dans les abris ainsi que les chasseurs.

— Attention, mes tireurs ! Attention ! Sire !

Ils sont bientôt à portée ; mais le Roi, qui ne peut se résoudre à se tenir en place, se promène, va et vient devant sa fascine. Il manque peut-être l'occasion de tirer ; c'est son habitude. Ils approchent, ils approchent peu à peu, car les sangliers règlent leur fuite sur l'ardeur de ceux qui les poursuivent. Encore vingt pas et ils toucheront aux affûts.

Une détonation s'est fait entendre ! Quelque chose de mince et de compacte a brui presque en même temps à travers la ramée. C'est le Roi qui a fait feu.

Au Roi !

A Monseigneur !

A vous ! à vous !

Les coups de feu éclatent ensemble ; ils se répètent, ils se succèdent : c'est un ricochet, c'est une fugue, ils partent et pétillent à droite, à gauche, devant, derrière, partout. Les sangliers, comme une bande de loups, viennent déborder dans l'arène où les attendent les chasseurs embusqués. Étourdis, effrayés du bruit roulant des coups de fusil, ils veulent redoubler de vitesse pour s'échapper ; ils quittent la direction où la balle vient d'effleurer leur rude soie, ils en prennent une autre, ils se jettent dans une voie nouvelle ; mais le plomb, qui se multiplie et se croise dans l'air et au ras de terre, les cherche, les poursuit, et les retrouve de tous côtés.

Le Roi, emporté par son intrépidité, a quitté son abri et s'avance vers une énorme et gigantesque bête à son quart-an ; il l'a mise en joue, le coup est

parti, mais cette fois le coup n'est pas arrivé juste
à son adresse. L'animal n'a été que légèrement touché; il ne semble pas disposé à fuir; son œil
en feu s'est levé sur son ennemi, son poil s'est hérissé; il y a de la fierté et de la rage dans son attitude. Le sanglier s'est enfoncé dans un épais fourré,
où il choisit le lieu le plus favorable à la résistance,
et là, dénudant ses défenses aiguës, à son tour il
provoque son agresseur. On se précipite au-devant
du Roi :

« — Sire, arrêtez; Sire, lui criait-on de toute part;
n'avancez pas!

« — Arrière, Messieurs! arrière donc! répond le
Roi : qu'on me laisse seul. » Et il marcha vers la bête,
qui, la gueule blanche de mousse et de bave, pousse
des grognements sourds et gutturaux, et déploie
toute la farouche énergie du désespoir.

« Le Roi a suivi le sanglier sous l'impénétrable couvert où il s'est réfugié; il l'aborde sans s'émouvoir
de l'aspect menaçant de l'animal. Il attend qu'il lui
présente une chance favorable pour le tirer. Cette
chance, la voilà! elle s'est offerte. Le Roi a fait feu;
mais la balle a brisé la branche de cet orme, dont

les feuilles, détachées par la commotion, pleuvent sur la terre, comme si quelque brise de novembre avait soufflé tout à coup dessus. Le Roi tire de nouveau ; le sanglier est frappé à l'épaule. Deux fois blessé, maintenant il va l'attaquer à son tour. Le Roi juge du péril, et il est prêt à recevoir le choc de pied ferme : c'est la lutte définitive.

J'étais à quelque distance de là, au moment où ce combat prenait un caractère inquiétant. Je n'écoutai que le sentiment d'effroi et de crainte que m'inspirait son issue ; et, malgré la défense expresse du Roi, qui, je le savais, affrontait ces sortes de dangers avec un indicible plaisir, je donnai l'ordre aux valets de chiens de lâcher les hourets.

Comme cet ordre allait être exécuté, le sanglier vint s'abattre aux pieds du Roi, frappé à mort d'un dernier coup de fusil. Presque au même instant, et un peu plus loin, Marcois, le porte-arquebuse de monseigneur le Dauphin, moins heureux que le Roi, était tombé, blessé grièvement par un sanglier ragot, avec lequel il s'était trouvé face à face.

La terre était jonchée des débris de la chasse ; presque tous les sangliers ramassés dans cette battue avaient été tués ; ils étaient là gisant, étendus sur l'herbe. Des paysans sortent des rangs pour les enlever et les transporter dans un endroit à portée de la battue, où le Roi, avant la fin de la chasse, ira compter le nombre des pièces et en ordonner la distribution aux principaux habitans, aux pauvres et aux employés ; mais avant que chacun ait reçu la part que lui réserve les bontés de S. M., les chiens qui ont figuré dans l'houraillet réclament aussi leur part du butin ; il leur faut à eux la dîme du gibier.

En avant, donc, les couteaux affilés ! à la besogne, messieurs les dépeceurs ! c'est à vous de fonctionner. Les chiens, rangés en cercle, assistent avec l'impatience de la gloutonnerie au dépècement et à l'ablation des entrailles qu'on va leur livrer ; c'est l'heure de la curée. Allons, à l'œuvre, mes bons chiens ; faites ripaille, et soûlez-vous de sang et de chair noire.

Ordinairement la chasse ne se bornait pas à une seule battue : le Roi remontait à cheval et se rendait à une autre partie de la forêt, où d'autres battues étaient préparées. Ces secondes marches, plus lentes que les premières, et dont beaucoup de gens à pied faisaient partie, étaient consacrées aux conversations les plus animées ; on s'entretenait des incidens les plus remarquables de la chasse ; chacun disait ses coups, contait ses périls ; bref, c'était la battue des causeries.

Le Roi ne manquait jamais d'exprimer sa satisfaction, quand le succès de la chasse avait répondu aux efforts des officiers forestiers. Le mot du Roi était : « *C'a été fort joli.* » Or, jamais, battue n'avait été plus brillante que celle qui venait d'avoir lieu ; aussi le Roi, content de l'habileté avec laquelle elle avait été conduite, ajouta très haut qu'elle avait surpassé son attente.

Sire, lui dis-je, Simon Larcher, je vous le certifie, n'est pas étranger à ce succès ; il aura redoublé de zèle.

—A propos, comte ; mais il était convenu que vous me présenteriez cet homme : qu'il vienne donc.

—Nous étions arrivés à la Châtaigneraie-Bignon. La

.Châtaigneraie-Bignon est, ainsi que son nom l'indique,
une plantation de châtaigniers; ils sont symétrique-
ment alignés comme les arbres d'un riche verger de
Normandie. Des intervalles considérables séparent
chaque arbre, en sorte que la lumière et l'air inon-
dent toute cette place. L'herbe y pousse savoureuse,
et parmi elle de hautes bruyères, qui invitent partout à s'asseoir. Si vous aviez vu le Limousin, la
Châtaigneraie-Bignon vous le rappellerait on ne peut
mieux; c'est cet aspect uniforme, c'est cette campagne coupée, boisée, herbeuse, où l'on court toujours le risque de s'égarer, parce que tous les chemins se ressemblent.

Ce fut là que Simon aborda le Roi, non sans
éprouver une intimidation visible; mais l'accueil
bienveillant qu'il reçut ne tarda pas à le mettre à
l'aise, et il arriva même promptement à intéresser le
Roi.

Questionné sur son adresse à la chasse, Simon
répondit avec aplomb que, pour ce qui était de
cela, il pouvait assurer qu'il ne craignait personne.

Le Roi lui demanda s'il consentirait à joûter à l'arquebuse contre l'un de ses gardes, à quoi il répondit qu'il ne désirerait pas mieux, si cela pouvait amuser Sa Majesté, et qu'il prendrait pour adversaire n'importe qui lui serait donné. « Eh bien ! reprit le Roi, j'accorde ving-cinq louis au vainqueur. »

On entendit alors cette parole circuler de bouche en bouche : « Qui veut entrer en lice avec Simon Larcher? Qui veut joûter avec Simon? »

Le groupe des gardes-forestiers s'entr'ouvrit pour laisser passer l'un d'eux, B***, le favori de Monseigneur, le beau-fils, le Lovelace des garde-chasses, le plus turbulent du corps, le plus merveilleux à la danse, le plus fier sous les armes : il s'avance la tête haute, il annonce qu'il accepte le défi.

Les paris sont ouverts.

Le Roi tient pour Simon. Sa Majesté est seule de son bord, tous les autres parieurs sont pour B***.

La joûte consiste à tirer à balle alternativement sur douze pigeons, à mesure qu'ils s'envoleront un à un d'une cage.

On a marqué les limites en deçà desquelles chaque

pigeon doit tomber; des commissaires sont désignés
pour juger des coups.

Le Roi va se mettre sur une petite éminence; les
gentilshommes se rangent en plusieurs groupes autour
de lui; les autres assistans se placent circulairement.
On connaît les deux champions, et leur adresse
réciproque excite au plus haut degré l'intérêt des
témoins : cet intérêt redouble d'intensité au moment
où les concurrens vont prendre leur position.
Vous voyez d'ici, j'imagine, le coup d'œil que présente la Châtaigneraie-Bignon ; vous écoutez le silence
qui règne au milieu de ces nombreux spectateurs,
vous partagez leur anxiété.

Le premier feu échut à Simon ; il tira et tua l'oiseau; le garde - chasse tira à son tour avec un égal
succès. Ils continuèrent de la sorte en faisant preuve,
de part et d'autre, d'une précision de mire extraordinaire. Au cinquième coup, Simon mit en joue
sans que son adresse lui faillît, mais le garde manqua
le but. Alors un murmure se fit entendre parmi les
parieurs. Néanmoins, les choses furent bientôt réta-
blies sur un pied égal, car Simon, ému de l'enthousiasme qu'il venait d'exciter, manqua son septième

pigeon, et son concurrent abattit le sien avec une merveilleuse habileté.

Le pari touchait à sa solution : les deux rivaux se reposèrent un instant.

Vous auriez entendu tomber une épingle sur les hautes herbes qui couvraient la terre au moment où ils reprirent leurs armes, et où l'on ouvrit la cage du dernier oiseau. Simon, une jambe en avant, épaula son fusil avec son sang-froid accoutumé ; il suivit le vol incertain du pigeon, qui d'abord, avait pris une direction oblique, mais qui, tout d'un coup, par une savante évolution, s'était guindé et s'ascensionnait verticalement. Simon fit feu... Il y eut un court moment d'incertitude ; mais le pigeon avait été frappé, et il vint tomber en tournoyant presqu'aux pieds du tireur.

Dans ce moment je jetai un regard sur le garde-chasse, et je vis que les genoux de ce pauvre diable tremblaient, sa figure était pâle ; tout son être décélait une extrême agitation. Lui aussi, il suivit des yeux le vol de l'oiseau ; il le suivit long-temps, prit ses mesures en homme expérimenté, et à la fin fit feu, mais il manqua.

Des cris, des transports de joie éclatèrent de toutes
parts, mais notamment parmi les paysans du village
de Noisy, tout fiers du succès que venait d'obtenir
un *pays* sur un étranger, car le garde n'était pas
même des environs de la commune.

Le Roi fit approcher le vainqueur; il le complimenta sur son adresse, et lui remit, de ses propres
mains, le prix qu'il venait de gagner; après quoi il
se dirigea vers l'endroit où le gibier mort avait été
réuni, et dont il ne restait plus que le partage à
faire : le départ eut lieu aussitôt après.

Comme nous allions quitter la Châtaigneraie-Bignon; des jeunes gens plaçaient Simon sur un bran-
card, et se disposaient à commencer une marche
triomphale dans leur commune. Et moi, en voyant
tant de bonheur et de joie se poser sur la tête de
Simon, il me prit un serrement de cœur inexprima-
ble; au milieu de cette joie générale, et alors que
je ne devais être moi-même accessible qu'à des idées
riantes, un sentiment intrus de mélancolie, une
peine infinie que rien ne motivait, s'empara de moi,

et le dernier regard que je jetai sur Simon contenait
plus de compassion que de satisfaction à la vue de ce
bonheur.

Je ressentais quelque chose de semblable à ce que
l'on éprouve devant un poitrinaire à qui l'on souhaite
un heureux et prompt retour, à son départ pour Nice
ou Montpellier, à l'approche des brouillards d'automne.

Cette journée venait de clore la saison des chasses
à Marly ; nous touchions aux premiers jours du mois
de juillet, époque où commençaient les tirés de
lapins à Saint-Cloud. Ainsi je ne devais revoir Simon
que deux mois après ; et il avait été écrit que, dans
cet intervalle de temps, de tristes et malheureux événemens frapperaient cet homme.

Il paraît que, pas plus tard que le jour même de
la joûte, il y avait eu plusieurs repas au village, où
ni les convives ni les libations n'avaient manqué.
Irrité et chagrin de sa défaite, le garde-chasse,

évidemment dans le but de faire une querelle à son
heureux rival, était venu s'asseoir à la porte d'un
petit cabaret tenu par Germiau, où se trouvait
Simon. Là, il se mit tout haut à contester la légiti-
mité du succès, en l'attribuant à des causes acciden-
telles. Après il changea de mode de provocation,
en prennant le braconnage et l'orgueil de Simon
pour texte de ses aigres attaques. Simon endura
patiemment ses impertinences, non sans se faire violence d'abord, mais enfin il eut le mérite de les en-
durer long-temps.

Encouragé par le calme apparent de son adversaire,
le garde vanta la supériorité de son chien sur celui de
Simon, l'un de ses bassets noirs dont j'ai déjà parlé,
et qui, dans ce moment, se trouvait couché aux
pieds de son maître, et comme lui se tenait tranquille et inoffensif.

— C'est une honte de permettre à des vauriens de
ton espèce d'avoir des chiens, dit le garde brutal
en donnant un violent coup de pied au compagnon
de Simon : si j'étais le Roi, je les ferais tous fusil-

ler; et par Dieu la première fois que je rencontre-
rai celui-là dans la forêt, son affaire sera bonne,
c'est moi qui te le jure.

« Simon demeura toujours impassible ; mais son sang
bouillait dans ses veines, et il ne fallait plus qu'un
mot d'excitation, un mot quel qu'il fût, pour qu'il
cessât de se posséder. Le mot fut dit.

« —Écoute donc, toi, beau vainqueur : gageons que
tu n'as pas le cœur de te frotter à moi, lui cria le
garde en se levant et jetant bas son habit.

« —Tu vas le voir, répondit froidement Simon ; et
je te conseille de ne pas m'épargner, car je ne t'épar-
gnerai pas, moi.

Ils se précipitèrent l'un sur l'autre et se saisirent
avec une violence extraordinaire ; on eût dit qu'ils
allaient s'étouffer.

« Après quelques vigoureux efforts, le garde fut ter-
rassé par Simon : il tomba pesamment. Simon, exas-

péré par la colère, allait peut-être en finir avec lui
d'un coup de pied sur la poitrine ou sur la tête,
quand les assistans s'empressèrent d'intervenir.

On reconduisit Simon chez lui, et le garde-chasse,
entraîné par ses camarades, eut grand'peine à rega-
gner sa demeure.

Il est aisé à comprendre que les garde-chasses de
la forêt ne purent pas se décider à pardonner à Simon
les avantages qu'il avait obtenus sur l'un d'eux, l'esprit de corps s'en mêla, et ils firent une étroite
alliance dont le prétexte fut la protection des domaines royaux, mais dont le but réel était de venger
leur camarade. Ils répandirent les bruits les plus
défavorables sur le compte de Simon, prétendirent
que plus que jamais il se livrait au braconnage,
et firent si bien que Simon était devenu une sorte de
paria dont tout le monde s'éloignait. Cela vint au
point que la plupart des fermiers et des propriétaires
de la commune résolurent enfin de ne plus lui donner
de travail.

Simon et sa famille ne furent pas long-temps à

s'apercevoir de cette ligue ; ils en ressentirent cruellement les effets, lorsque la somme d'argent qui provenait du prix de la joûte fut dépensée. Le malheureux homme fit quelques tentatives pour qu'on prît de lui une meilleure opinion ; mais comme elles furent à peu près infructueuses, on comprend aisément qu'une pareille disposition de la part des habitans du pays, loin de l'adoucir, ne contribua qu'à l'aigrir davantage. Ainsi, lorsqu'au bout de quelque temps toutes ses ressources furent épuisées, il ne fut que trop avéré que Simon et l'aîné de ses fils se livraient plus que jamais au braconnage, et s'en faisaient un métier lucratif en dépit de la surveillance active qu'on exerçait sur eux, et des périls incessans qui les menaçaient.

Ces nouvelles étaient venues me chercher à Compiègne ; on n'avait pas manqué de m'écrire pour m'informer de la conduite de mon protégé, et lui enlever ce dernier appui ; mais j'avais voulu le revoir encore une fois avant de prendre une décision définitive à son égard.

Quelques jours après mon retour à Paris, un beau

matin où je m'amusais à récapituler ma vie actuelle, et jusqu'aux moindres incidens qui la remplissaient, il me tomba tout à coup en l'esprit le souvenir de Simon que j'avais presque oublié; je montai à cheval, et deux heures après j'étais devant sa chaumière.

Après avoir frappé plusieurs fois à la porte sans recevoir de réponse, je levai le loquet et j'entrai. Au lieu du bruyant aboiement des fidèles compagnons de Simon, je n'entendis que des sons plaintifs accompagnés de longs gémissemens et de sanglots. Les chiens étaient étendus sur le sol, tristes et abattus.

Cependant des pleurs et des cris continuaient à se faire entendre: j'appelai, j'appelai plusieurs fois de suite. Enfin la femme de Simon se montra: elle sortait de la chambre du fond; elle était pâle, livide, ses cheveux étaient dénoués et tombans: une grande calamité était peinte sur sa physionomie. Quand elle m'aperçut, elle se mit à pousser des cris déchirans. « O monsieur le comte ! me dit-elle; mon mari ! mon mari ! mon pauvre Simon ! tenez ! tenez ! regardez ici, ajouta-t-elle en me conduisant dans la chambre, et en même temps elle soulevait le grossier drap de toile écrue qui recouvrait le pauvre Simon, voyez ce qu'ils ont fait! »

Je regardai : il avait une large blessure dans la poitrine, produite par une décharge de chevrotines; le bras gauche était fracassé : c'était un horrible spectacle!

Plus tard, j'appris les circonstances de cet événement.

La veille, vers dix heures du soir, la lune étant dans son premier quartier, Simon et son fils, chacun armé d'un fusil, étaient partis, selon leur coutume, pour aller reconnaître le brancher des faisans. Minuit sonnait au moment où ils pénétraient dans les taillis de la Bretèche, non loin du pavillon Daresne. A peine arrivés, ils avaient déjà tiré et tué plusieurs faisans; mais par malheur, tandis qu'ils rôdaient et tournaient sous les arbres où ces oiseaux dorment profondément la tête dans l'aile, des gardes forestiers qui, dès la veille, avaient eu pressentiment ou connaissance de leurs projets, s'étaient mis en embuscade dans un fourré voisin. La détonation des armes les attira immédiatement sur le lieu de la scène. 'A la vue de trois hommes, Simon, qui pourtant ne manquait ni de dignité, ni de courage, songea à fuir; mais il était vieux, et sa fuite n'était pas sûre. Tomber aux mains de ses adversaires, c'eût été plus qu'un malheur pour lui, c'était une honte. A aucun prix il n'eût voulu la subir. La rage dans le cœur et n'écoutant alors que les mauvais conseils de son excessif orgueil et ceux de sa haine, il déchargea son fusil, un peu au hasard, dans la direction de ses assaillans.

Les gardes, qui ne se laissèrent pas intimider par cette démonstration, tout énergique qu'elle était, ne tardèrent pas à les rejoindre; et l'un d'eux, exaspéré par l'attaque et le sentiment de sa propre conservation, ayant armé son fusil, fit feu à son tour.

Le fils de Simon reçut une blessure au bras gauche qui le fracassa, mais l'usage du droit lui restait encore, et d'un seul coup de crosse il étendit mort

sur la place le même garde qui venait de fondre sur
lui à toutes jambes (1).

Une lutte désespérée s'engagea entre les deux
autres garde-chasses et les braconniers. Quoique
blessé lui-même, Simon restait toujours un terrible
et redoutable adversaire; et son fils, presque enfant
encore, combattait comme s'il avait eu ving-cinq
ans.

Les gardes, après une longue résistance, finirent
par céder le terrain; mais le seul but des deux Si-

(1) Ces luttes entre les braconniers et les agens forestiers des
domaines royaux étaient beaucoup plus fréquentes qu'on ne serait
tenté de le croire.

En 1828, M. C..., garde de la forêt de Marly, faisant partie
d'une patrouille de nuit, reçut des coups de fusil et se sentit blessé
à la poitrine. Il rentra chez lui, étonné de vivre encore. Le lendemain il visita curieusement son habit : il était criblé juste à la
place du cœur. Il pensa à sa tabatière, qui était dans la poche du
côté gauche, et on y trouva cinq chevrotines!

Un autre garde de la même forêt, un jour s'étant couché sur un
terrier pour appeler son furet qui s'y était endormi, des braconniers vinrent à passer, et profitant de ce qu'il ne pouvait se défendre, se saisirent de lui et le pendirent, avec le cordon de sa
poire à poudre, au bout d'une branche qu'ils croyaient assez
forte pour cela. Heureusement ils s'étaient trompés, et le poids de
l'homme fit ployer l'arbre peu à peu. Le pendu, sentant la terre
sous ses pieds, s'y appuya, tira son couteau de sa poche, coupa la
corde et fut sauvé.

mon étant de s'échapper, ils s'abstinrent de les poursuivre, et firent de leur mieux pour gagner l'issue de
la forêt. Alors les gardes revinrent à la charge. Simon
se retourna malheureusement, et mit de nouveau
son fusil en joue; c'était sa perte : il venait de faire
ce mouvement, quand l'un de leurs adversaires fit
feu sur lui; la charge tout entière lui arriva.

—Je suis blessé, fils! dit-il; sauve-toi! laisse-moi
ici! sauve-toi, te dis-je.

Parvenus à la porte de la Bretèche, ils se jetèrent
dans les champs de blé, et parvinrent, à la faveur des
nombreux bosquets qui couvrent et masquent la
campagne de ce côté, à mettre les gardes en défaut, puis ils prirent des chemins détournés pour se
rendre à leur chaumière.

Ils apercevaient déjà la faible lumière de leur
foyer brillant à travers les carreaux, quand Simon
sentit que ses forces l'abandonnaient : il chancela
et tomba. Alors le malheureux, dont la seule crainte
était d'expirer loin de sa femme, fit des efforts sur-

humains pour se traîner, avec l'aide de son fils, jusqu'à sa porte, où il eut le dernier et triste bonheur de parvenir. Mais, à partir de ce moment, il ne lui avait pas été possible de proférer une seule parole.

On le porta sur son lit, et une demi-heure avant le lever du soleil il avait rendu le dernier soupir!...

Or, trois mois après cet événement, c'était au tiré de Fromainville, le Roi n'était pas content de la chasse, peu nombreuse, [...]

[...] campagne de ce côté, à mériter les égards en [...]

Cette fois il ne dit pas son mot habituel de satisfaction : « Ç'a été fort gentil ! » Un léger nuage d'humeur voilait même ses traits, sans altérer toutefois leur expression de bonté ordinaire. Je ne sais si l'insuccès de la journée reporta l'esprit de Sa Majesté vers le joyeux hourailler de Marly, et la fit souvenir de Simon Larcher, l'habile batteur de gibier; mais le Roi s'approchant tout à coup de moi, me dit :

—Comte, il nous aurait fallu ici votre protégé. A propos, qu'est-il donc devenu, ce pauvre Simon? Est-ce qu'il lit toujours le *Constitutionnel?*

—Hélas! Sire, voilà trois mois que le malheureux a payé de sa vie son goût incorrigible pour le braconnage.

Et je racontai succinctement au Roi la scène nocturne dans laquelle avait péri Simon.

—Cela ne m'étonne pas, comte, me dit le Roi en portant doucement sa main sur mon bras; cet homme faisait du libéralisme à sa manière. Il voyait mettre tant de droits en question, il lisait de si beaux discours où l'on prêchait le vol du nom héréditaire, le vol de la puissance consacrée par des siècles, que lui, pauvre diable et obscur, qui n'avait rien à démêler dans la haute sphère des intérêts politiques, faisait descendre l'application de ces grands principes à un ordre de choses qui le touchait de plus près. Il s'adressait au gibier du Roi, comme d'autres s'adressent à sa couronne. Ah! comte, nos faiseurs de phrases font bien du mal!

— Et peut-être, Sire, seront-ils les premiers à s'en repentir.

En ce moment des cris annoncèrent l'approche du gibier. Le Roi prit son fusil et la chasse continua.

VERSAILLES.

UN TIRÉ A VERSAILLES.

Le 8 janvier 1829, le conservateur des forêts et chasses à la résidence de Versailles, fut officiellement informé, que le 13 de ce mois le Roi voulait faire une *belle-chasse* dans le petit parc. En même temps M. le premier Veneur lui en transmettait la marche et l'itinéraire ; elle devait durer de quatre à cinq heures.

Aussitôt les dispositions furent délibérées et arrêtées dans une conférence tenue à cet effet par le
conservateur, l'inspecteur et le garde général.

Il y eut ordre de faire faire des battues dès le lendemain ; ces battues avaient pour but de forcer les
chevreuils et les lièvres, d'aller se cantonner dans les
parties du parc placées sur la ligne que devait suivre
la chasse ; de tourmenter les faisans, afin qu'ils se rapprochassent des tirés qui devaient être parcourus, et
dans lesquels il fallait les appeler et les retenir au
moyen d'agrainemens.

Les terriers furent furetés et défoncés, les fiches
destinées aux différentes tentes de nuit et de jour furent
posées, on régla le nombre des panneaux et celui des
hommes préposés à leur garde ; enfin, tous les préparatifs matériels furent faits dans le délai fixé par les
ordres supérieurs, et cela nonobstant l'excessive rigueur du temps. On était en effet au cœur de ce mémorable hiver de 1829 à 1830, non moins remarqué
par ses 17° au-dessous de zéro Réaumur, que par la
splendeur de ses bals historiques, où figurait toute la

belle aristocratie de France, à la suite du Roi et de sa famille.

Cependant la chasse ne put avoir lieu le jour qui avait d'abord été indiqué ; la neige était survenue la veille. Il y eut un contr'ordre, puis un second, puis un troisième ajournement. Enfin le ciel, sans se balayer entièrement de ses nuages bas et gris, cessa d'être aussi âpre, et le 18 janvier, vers onze heures du matin, dans cette partie du parc de Versailles appelée le *bois de Satory*, il y avait un grand concours de gentilshommes réunis pour suivre la chasse.

Au milieu de ce monde se trouvaient les autorités civiles de Versailles et les chefs de la garnison, qui déjà étaient rendus à leur poste et attendaient le Roi.

Des feux de bivouac étaient allumés çà et là ; des groupes diversement composés, semblables à des compagnies d'oiseaux de différens plumages posées à distance les unes des autres, s'étaient établis près de ces feux, et animaient par leur présence la monotonie de cette nature ensevelie dans son blanc linceul de neige.

Aimez-vous le spectacle de la campagne pendant la dure saison de l'hiver? Pour moi je ne sais, mais j'éprouve une impérieuse volupté à la contemplation des mélancoliques scènes qu'elle produit. J'aime alors ce silence profond des champs et des bois; j'aime ce vol furtif de l'oiseau, allant vite d'un arbre à l'autre, et secouant en poussière, sous son poids élastique, les frimas qui cristallisaient la ramée; j'aime les fumées grises qui s'échappent des cheminées des toits de chaume, et qui éveillent involontairement en nous la pensée du bien-être et des joies naïves du foyer rustique.

Et c'est pour cela que le modeste clocher de Guyancourt, que je découvrais blanc comme un clocher de plâtre neuf et pointillant du fond des massifs de bois dépouillés qui l'entourent, me plaisait tant à voir.

Et puis aussi, à la porte d'entrée du bois Robert, à gauche, quand on fait face aux filets du tiré, c'est encore pour cela que j'aimais la vue de cette petite maison de garde, d'un aspect si solitaire et perdue sous la neige : toit, chaume, vitres, tout cela blanc et parfois étincelant au soleil gazé de cette matinée de janvier.

Mais l'impression toute sentimentale que produisait sur moi l'aspect triste et nu du petit tableau de genre que j'avais sous les yeux, ne devait point tarder à s'effacer par l'arrivée bruyante des voitures de la cour, par l'éclat de la suite, par la présence du Roi.

Encore quelques minutes, et ce rendez-vous de chasse, cette place isolée où quelques individus grelottaient de froid, de silence et d'attente, allait s'animer d'une vie agitée.

Déjà voyez-vous ces longues traînées de curieux qui affluent de tous côtés; c'est le signal de l'arrivée du Roi. Ils auront aperçu les équipages dans la plaine, et les voilà qui surgissent l'on ne sait d'où; on les dirait sortis des terriers, de dessous les neiges.

La marche du Roi n'a pas été un seul instant retardée, malgré les obstacles qui devaient la ralentir. Il oppose à la rigueur du temps une résistance qui

appartient à son tempérament vigoureux, aussi bien
à l'épreuve du froid de Russie que de la chaleur de
Gibraltar.

Le Dauphin vient après, puis le capitaine des gardes, puis M. le premier Veneur, puis enfin les *demi-
dieux* de la cour, gentilshommes, ducs, barons et
comtes, que la faveur de S. M. appelle à prendre part au tiré! Tous sont revêtus de l'uniforme
officiel des chasses : chapeau rond noir, habit bleu à
col et paremens de velours de même couleur, gilet
blanc, culotte longue et guêtres de peau à boutons
montant sur les genoux.

On entoure le Roi, on s'empresse, on se hausse;
on voudrait entendre, ne fût-ce que pour se donner
le mérite de les répéter le soir, les moindres paroles
qu'il adressera au baron Capelle et à M. le lieute-
nant-général, en répondant à leurs complimens administratifs.

Cette audience était ordinairement fort courte, car
l'usage voulait qu'on abordât le Roi seulement au
moment de la halte. C'était pendant ces stations que

Sa Majesté accueillait indistinctement tous ceux qui venaient à elle. Cependant au moment où Charles X allait prendre sa place dans les layons où la neige avait été soigneusement balayée depuis plusieurs jours, il découvrit se détachant dans les massifs de la foule, le visage vénérable du curé de Guyancourt. Il s'arrêta, et, d'un signe aux gens de service, ordonna de faire passage au digne ecclésiastique.

— Vous avez à me parler des pauvres de votre paroisse, n'est-ce pas, Monsieur le curé? Eh bien! hâtez-vous, peut-être en est-il parmi eux qui souffrent.

— Cela est vrai, Sire, et je crains bien qu'ils n'aient pas le temps d'attendre.

— J'y pensais, Monsieur le curé, sont-ils nombreux vos pauvres en ce moment?

— Non, Sire, votre dernière visite dans ces lieux ne date que d'un mois.

— Quels sont les plus nécessiteux?

— Quelques vieillards et de tout petits enfans orphelins.

— Ils seront soulagés.

Et le Roi donne l'ordre aussitôt de remettre un rouleau de louis entre les mains du curé de Guyancourt.

— Que le ciel et le Roi soient bénis ! dit celui-ci en se retirant après avoir salué profondément S. M. A la brebis tondue Dieu tempère le vent, et à mes pauvres il accorde pour seconde providence un fils de Saint-Louis !

— Ce n'est pourtant pas ce que disent Messieurs nos libéraux, fit observer Charles X, en se tournant avec un sourire vers le duc de Maillé (1). Puis Sa Majesté continua sa marche un instant interrompue et alla se placer.

Le Dauphin et les autres tireurs imitèrent le Roi.

Monsieur de Vinfrais, le porte-arquebuse, s'est approché de Sa Majesté, il s'est découvert et lui a présenté son fusil. Etienne, son valet de chambre, est là tout près à sa droite, et à quelque distance est le

(1) On attribuait au duc de Maillé un esprit d'opposition très marquée.

porte-arquebuse à cheval. Ce sont les deux extrémités d'une chaîne, dont les anneaux se composent de douze soldats suisses, occupés à se faire passer de main en main les armes dont se sert le Roi.

Le lieutenant des gardes de service était placé immédiatement derrière; il marque sur une carte à compartimens avec une épingle, les pièces qui tombent. De chaque côté du Roi est un ramasseur de gibier tenant en laisse un chien de rapport, qu'il lâche et reprend suivant le besoin. Ce jour là c'étaient Lecomte père et Chevalier.

Le Dauphin a aussi près de lui un valet de chambre qui lui remet ses fusils, un aide-porte-arquebuse-adjoint, assisté comme le porte-arquebuse du Roi, et pour ramasseur de gibier Maillot, son garde favori.

La voiture destinée à recevoir le gibier tué vient à la suite, puis la foule confuse des curieux et des spectateurs sans caractère officiel : il n'en manquait jamais.

Les tireurs sont rangés en front de bandière : les batteurs des filets commandés par M. de Saint-Paul, l'aile droite de la chasse conduite par le garde général Boutard, l'aile gauche par le garde général Valerant, et les batteurs-volans dirigés par Villeroy. Tout ce monde est à son poste et attend le signal.

Le voilà ; le Roi a dit : « Allons. »

Ce mot c'est le début de la chasse ; la chasse n'existait pas tout à l'heure, et maintenant la voilà avec ses clameurs, sa vie, son mouvement, ses bruits de voix et d'armes.

L'air se peuple, les faisans au vol lourd et pesant, les perdrix quelquefois séparées, plus souvent réunies en bandes nombreuses, se lèvent et partent avec le bruit de leurs ailes crépitantes ; elles cherchent une issue dans les airs ; elles volent d'un vol oblique, horizontal, perpendiculaire ; elles s'ascensionnent en tourbillonnant, et le vent qui souffle sur leurs plumes mouchetées, les soulève en éventail et les fait chatoyer au soleil, en confondant leurs reflets douteux et changeans. Çà et là aussi une bécasse voyageuse, qui dans sa course passagère avait fait halte dans les bois de Satory comme en une hôtellerie, part flèche rapide, fend l'air de son corps aigu ; mais elle aussi, malgré la sauvage énergie de son vol, tombe atteinte par le plomb qui tue tout en haut sans miséricorde et sans distinction.

Tandis que le ciel se sillonne des évolutions multiplés du gibier, qui monte, tournoie et tombe, plus prompt peut-être encore, le chevreuil aux reins d'acier, aux jambes sèches et déliées, le lièvre qui semble rouler dans sa course, cherchent pêle-mêle à éviter le danger qu'ils comprennent à mesure qu'ils entendent approcher la chasse.

—A la route !

—A la route ! crie-t-on à chaque nouveau coup de fusil.

—A la route, car la pièce abattue est jetée dans le chemin derrière le Roi. Un homme la ramasse aussitôt et la place dans la voiture, cette gigantesque gibecière à quatre roues qui suit toujours les tireurs.

Arrivé au poteau d'arrêt placé à l'extrémité du layon sur la butte des Mortemets, le Roi s'arrêta et parut un instant oublier la chasse, à la vue du site qu'il découvrit de cette hauteur.

C'était beau et triste, ce val dont la neige avait nivelé toutes les formes ; on eût dit un vaste lac fermé par un cadre de colines que couronnait la forêt de Marly, et sur lesquelles se détachaient les villages de Bailly, de Saint-Nom, de Noisy et de la Bretèche. Ces villages posés comme ils l'étaient, quelques-uns en amphithéâtre, d'autres sur la lisière du bois, ressemblaient presque, avec leurs toits blancs et inégaux, à des troupeaux paissant, disséminés dans la campagne ; le château de Rocquencourt, presque adossé à l'une de ces colines ; Saint-Cyr sur la gauche, Saint-Cyr avec ses souvenirs de madame de Maintenon, et son vaste bâtiment de l'Ecole militaire ; à droite Trianon ; plus près Versailles avec son palais et ses dômes, avec ses chapelles d'or et ses croix d'église. Enfin au milieu de ce vaste bassin, une route royale qui la traverse, venant de Versailles, et sur laquelle cheminaient à pas lents des charrettes avec leurs bannes de toile, de lourdes et massives voitures de roulier, et des diligences glissant sur la neige comme des hommes affairés.

L'impression que produisait alors toute cette campagne, s'assombrissait de la teinte du ciel qui se couvrait de gros nuages ardoises. Quoique chargés de neige ou de pluie, ils roulaient avec une grande vitesse, poussés par le vent qui se faisait de plus en plus fort. C'était là-bas la route de Rambouillet! Le Roi porta sa main au front. Était-il endolori par quelque vague pressentiment? Je ne sais, mais à le voir on eût pu le croire.

— Sire, la chasse a cessé d'intéresser Votre Majesté, dit M. le duc de Maillé en s'approchant du Roi.

— Non, mon cher duc, répondit le Roi en sortant de sa contenance; mais tenez, regardez Versailles : eh bien, il ne m'est pas possible de voir ce palais, ces jardins, sans tomber dans la rêverie. J'ai toujours aimé Versailles, c'est un si beau séjour, c'est celui de mes ancêtres ; le souvenir de Versailles m'a poursuivi constamment pendant l'émigration. Versailles, témoin de mon enfance, de ma jeunesse, de ma première existence, et que j'ai quitté dans l'âge où l'on a encore des illusions.

— Oui, Sire, Versailles fut votre berceau, vous êtes né sur la paroisse Notre-Dame ; votre nom est inscrit sur le registre commun.

— Ajoutez à côté du plus obscur citoyen, dit le Roi : haute leçon que la religion peut seule donner, sans qu'elle dégénère en style d'égalité révolutionnaire.

— Croiriez-vous, duc, ajouta Charles X d'un ton de douce camaraderie, que j'ai encore là présente devant moi la figure imposante de madame la comtesse de Marsan, lorsque je lui entendais dire ces paroles effrayantes....

— Il y a nécessité de donner le fouet à Monseigneur, n'est-ce pas, Sire?

— Précisément duc ; ce fouet et ce monseigneur formaient un disparate si étrange, que je m'en

émeus aujourd'hui presque autant que je m'en irri-
tais alors (1).

La conversation continua ainsi sur quelques doux
souvenirs de première enfance, qui trouvaient heureusement chez le duc de Maillé une mémoire sym-
pathique.

Le Roi, avant de descendre la montagne pour aller
gagner le tiré de communication, a cherché à em-
brasser une fois encore le site qui va progressivement
s'abolir devant lui.

Dans cette dernière contemplation, il aperçut la
voiture de madame la Dauphine qui passait sur la
grande route. Madame avait coutume de venir au
devant de Sa Majesté toutes les fois qu'elle chassait.
Elle arrivait vers le milieu de la chasse, faisait quelques promenades solitaires, plus souvent trouvait
l'emploi de son temps en allant visiter de pauvres familles de paysans, quelquefois encore elle honorait
de sa présence quelque château voisin, ou, tout simplement la demeure d'un officier forestier ; puis elle
rejoignait le Roi pour l'heure du retour, et revenait

(1) *Soirées de Charles X.*

à Paris de compagnie avec Sa Majesté. Elle allait souvent à cette petite maison connue sous le nom de *la Lanterne*, que vous pouvez voir d'ici avec le petit bois de sapin qui lui est adossé, jadis la propriété du prince de Poix; elle était alors occupée par M." Jourdain, inspecteur de la conservation. Le cœur et la mémoire de M. Jourdain ont très certainement conservé le souvenir de ces visites auxquelles il attachait un si haut prix (1).

Cependant la chasse s'avançait toujours; déjà les ailes se développaient dans les plaines de la Ménagerie, afin de rabattre sur le tiré. Elle marchera dans cet ordre jusqu'à la tête du canal, où elle s'arrêtera pour laisser avancer l'aile gauche.

Le Roi a passé le pavé de Saint-Cyr, il touche au tiré de communication; c'est le lieu de la halte.

Qui n'a pas assisté à une de ces haltes du Roi

(1) M. Jourdain doit sa place à l'intelligence qu'il n'a cessé de déployer dans toutes les parties de ses fonctions. Le Roi et le Prince l'appréciaient pour son zèle, son dévoûment et la religiosité de ses habitudes. Le monde estime en lui l'auteur d'un ouvrage lumineux sur les chasses.

Charles X, ne peut se faire une idée juste de sa personne. C'était, comme chacun sait, dans la vie intime qu'il fallait le voir pour le bien juger. Personne ne résistait mieux que lui au crible de cette vie intime, à cet examen privé qui vous prend à l'improviste, qui s'empare de vous à votre lever, qui vous accompagne partout ; ou bien qui vous saisit au hasard, qui interprète sans que vous le sachiez les mouvemens de votre physionomie, vos gestes et votre silence, qui plane encore sur vous et vous épie pendant les solitaires heures de votre sommeil.

Loin d'avoir à redouter une semblable analyse, Charles X gagnait beaucoup quand il la subissait ; mais c'était à la chasse surtout qu'il fallait le voir. Là, arraché aux soucis et aux tracasseries des affaires publiques par lesquelles il était débordé, il était constamment et librement lui-même. Et tenez, voyez autour de lui quelle foule ! Le Roi retrouve tous ceux qui l'entouraient au départ de la chasse.

Voici Monsieur le maire de Saint-Cyr : il attend son tour. Le Roi l'accueille avec bonté, s'informe de ce qui peut intéresser sa commune, des effets du

froid excessif sur la germination des grains, et autres
questions tout aussi municipales, auxquelles ceux
qui ont suivi le Roi savent qu'il s'était fait une habitude de ne jamais manquer. Ce colloque finit comme
d'usage, par la promesse d'un secours, que M. le
maire recevra le lendemain du château, pour les
pauvres de sa commune.

Quelques autres pauvres se sont rapprochés; l'un
d'eux frappe l'attention de Sa Majesté, c'était un petit
homme, vieux et bossu. Parmi les personnes qui ont
assisté aux tirés de Versailles, il n'en est aucune qui,
en recueillant ses souvenirs, ne se rappelle ce mendiant. Le Roi s'avance vers lui et veut lui faire l'aumône de sa main; pour ces sortes d'occasions, il portait dans son gousset une bourse de peau à coulans
d'acier, avec bien de la peine il en tire de ses doigts engourdis une pièce d'or et la remet au mendiant.

—Je suis bien sûr, dit le Roi un moment après
en se tournant vers le duc de Maillé, que vous ne
devinez pas celui à qui va cette aumône; demandez-
le à Monsieur le maire de Saint-Cyr, il vous dira que

cet homme est un ancien membre du comité révolutionnaire, qui expie son 93 toutes les fois que nous
venons ici.

Il y avait dans la compagnie de Grammont, un
garde du corps qui passait pour avoir une ressemblance physionomique très frappante avec le Roi. On
avait parlé de lui plusieurs fois à Sa Majesté, qui finit
par manifester le désir de se trouver en face de son
parélie. Le duc de Grammont le présenta; après
quelques paroles inspirées par la situation et des
réponses fort'bien posées de ce jeune homme, le
Roi perdant de vue le motif qui le mettait en sa présence, lui demande brusquement, comme cela eût été
dit fort naturellement en toute autre occasion : « Madame votre mère, Monsieur, venait-elle à la cour ? »
Le garde et le Roi, par un mouvement simultané, se
pincèrent également les lèvres, et lorsque le premier
moment de surprise fut passé, le Roi ne put s'empêcher de rire lui-même de l'allusion involontaire qu'a-
vait fait naître sa question.

S. M. en souriait encore lorsqu'on entendit ré-

péter ces mots qui éclataient sur toute la ligne de la chasse.

—Le chapeau du Roi!

—Le chapeau du Roi!

Il y avait dans la voiture destinée au gibier un second chapeau, un vieux chapeau gris qui faisait partie de l'équipage de S. M., et qu'elle avait coutume d'échanger contre le sien quand il allait pleuvoir; or, le ciel, qui s'était fait gris depuis quelques heures, venait de se fondre en une pluie soudaine et battante. Le Roi ne redoutait point le mauvais temps (1); ainsi jamais orage n'empêcha de parachever une chasse commencée. Il y avait des temps d'arrêt, et voilà tout; si telle n'avait été la coutume du Roi, certes la pluie qui prit ce jour-là l'aurait décidé à partir en toute hâte, mais il reste.

Monsieur le Dauphin et lui montent à la place des cochers de la voiture de gibier. Les capitaines des gardes, les gentilshommes, les officiers de service

(1) On se souvient que dans une solennité le Roi arriva trempé à Notre-Dame. On lui proposa de changer de vêtemens. « Volontiers, répondit-il, si l'on en a pour tous ceux qui m'accompagnent. »

et la suite de Sa Majesté, s'abritent de leur mieux.

Il y avait à cette voiture un auvent mobile et vaste en toile cirée, qui se déployait comme un toit, sous lequel venait se râser qui pouvait, et d'abord Etienne avec ses fusils. Tandis que quelques privilégiés se trouvaient là à l'abri de la pluie dont les fines hachures ombraient le ciel, on voyait fuir au loin comme des bandes en déroute, les volontaires de la chasse.

Le Roi, impatient du retour du beau temps, demandait à tout moment s'il y avait apparence d'amélioration, et *si ça se barrait*. J'entendis fort distinctement à plusieurs reprises, ces derniers mots qui paraissaient être l'une des locutions favorites du Roi.

— Puisque le temps menace de nous tenir ici long-temps, Messieurs, dit le Roi en s'adressant au groupe des principaux personnages placés près de S. M., quel est celui de vous qui se chargera de raconter quelques souvenirs de sa jeunesse, quelques souvenirs de chasse, par exemple ; ce serait tout-à-fait à propos.

A vous, continue le Roi, en avisant le chevalier de Saint-Projet, qui se trouvait à la suite de la chasse ; chargez-vous de cela, en votre qualité d'habile chasseur, vous devez avoir quelque chose d'inédit.

—Sire, je n'ai que quelques souvenirs d'enfance, de ceux que j'ai toujours entendus raviver dans le château paternel.

— Contez, contez.

Le chevalier de Saint-Projet ne se fit pas inviter trois fois. Il s'approcha de manière à ce que le Roi pût distinctement l'entendre, et au bruit berceur du vent et de la pluie qui tombait :

« Sire, autrefois la province d'Angoumois, mais surtout les environs de La Rochefoucault, ma ville natale, était désolée par les loups. C'était au point que personne n'osait traverser de nuit la forêt de Braconne, et que, dans le temps du rut où ces animaux s'agitent et crient d'amour, leurs hurlemens s'entendaient de bien loin, et venaient, quand le *vent y était*, réveiller les habitans du vieux logis de Peruzet, de l'autre côté de la Tardouare, à une grande lieue de distance ; c'était effrayant.

» Heureusement, vers 1740, naquit, au manoir de Fleurignac, le sieur de Bois-Couteau, qui devint frénétique chasseur, et qui tua tant de loups, qu'en 1780, époque où je l'ai connu, les environs d'Angoulême n'en contenaient pas plus que les bois de Versailles ; il en avait même purgé le Limousin et le Poitou, où il était appelé pour les chasser dans toutes les occasions.

» Il dépensait à ces chasses le modeste patrimoine que le sort lui avait dévolu, à tel point qu'à peine pouvait-il entretenir son petit équipage de chiens courans, et qu'il ne se vêtissait plus que de bure.

» Vous l'auriez vu dans l'habit d'un simple paysan à la queue de ses chiens, n'ayant conservé de son élégance passée, qu'un fouet à sifflet d'ivoire qu'il portait en sautoir, un couteau de chasse au côté, et son fusil, sur lequel brillait la plaque d'argent poli avec le vieil écusson de la famille, dont il ne restait plus au pourtour de l'église de son village que des traces presque effacées.

» On ne parlait, aux réunions des chasseurs de la province, que des énormes sangliers qu'il avait tués au ferme au milieu de ses chiens sans jamais en blesser un seul, du nombre de lièvres forcés dans les brandes de Russas, en une demi-heure ou trois quarts d'heure, sans change même à vue; c'est-à-dire que ces chiens requêtant, voyaient, la tête haute et sans la suivre, partir une bête au milieu d'eux, si ce n'était pas la bête de meute. Et ces faits étaient attestés par MM. de Puividal, de Mascuraux, le curé de Saint-Constant et autres, qui en avaient été témoins bien des fois.

» Il était surtout passionné, à cause de la difficulté, pour la chasse du loup, où le succès est rare. Votre Majesté sait que cette bête est presque imprenable à force de chiens, parce qu'elle marche toujours devant elle, et qu'elle peut faire en un jour quarante lieues, et recommencer le lendemain. M. de Bois-Couteau, le Nemrod de sa province, est le seul chasseur que l'on puisse citer pour en avoir forcé plusieurs, après quatre ou cinq jours de chasses successives.

» Voici comme il procédait :

» Il attaquait n'importe où ; il suivait tout le jour, monté sur un criquet, avec ses dix chiens. La nuit venant, il faisait sa brisée là où il avait été arrêté, et allait demander gîte au curé le plus voisin ou, dans une métairie : connu qu'il était, à cinquante lieues à la ronde, pour le protecteur des bergeries, il était bien accueilli partout. Le lendemain au point du jour, la meute et lui, bien refaits, partaient sur la pièce, et remettaient sur pied la même bête, qui, lasse elle-même, s'était relaissée. Le lendemain, ou le jour après, rendue enfin, elle faisait tête aux chiens, et une balle bien dirigée venait mettre fin à sa vie et à la chasse.

» M. de Bois-Couteau retournait glorieux à Fleurignac, qu'il avait laissé, sans y penser, pour le moins à trente lieues derrière lui.

» Enfin une fois, le jour de saint Hubert, l'an dix-sept cent... et je ne sais plus au juste les deux chiffres à ajouter, il attaqua un loup dans la forêt de Quatre-Vaux, et à travers les beaux sites qui séparent Angoulême de Bordeaux, il le mena... oh ! mais c'est que Votre Majesté ne va pas le croire, il le mena jusqu'à... l'embouchure de la Gironde... ce n'est pas de la Garonne..... (le comte de Girardin dit tout bas : c'est la même rivière...) où l'équipage se mit à la nage en pleine mer sur la voie, si bien que jamais M. de Bois-Couteau n'entendit parler de la bête ni des chiens. Il fit sa retraite tristement ; mais il fut bien hébergé sur sa route, car il avait des camarades de chasse en Saintonge, dans tous les châteaux. On le remonta de chiens, qu'il eut bientôt créancés à sa manière, et avec lesquels il fit encore de belles chasses.

» Il était déjà âgé quand il mourut au camp d'honneur, éventré par un vieux sanglier qu'il n'avait pas tiré aussi juste que l'a fait Votre Majesté dans sa dernière chasse, et qu'il l'eût fait vingt ans auparavant, car alors il passait pour avoir toujours placé ses balles comme avec la main.

» Sire, voilà l'histoire de M. de Bois-Couteau. »

—Votre M. de Bois-Couteau était un magnifique chasseur, monsieur le chevalier... et votre histoire est d'autant plus agréable qu'elle finit avec le mauvais temps.

Le Roi s'est remis en ligne. On touche à la tête du canal, dont les eaux encaissées par un mur de revêtement, comme les fermes de Normandie, rappellent l'aspect des petits lacs si romantiques de l'Ecosse. Le château de Versailles fait face, avec ses quinconces symétriques, ses murs de marbre, ses statues et ses groupes de bronze, et son olympe de plomb.

Le Roi et les autres tireurs s'arrêtent et attendent le rabat d'usage qui a lieu pour la clôture.

C'est pour ce moment que les batteurs ont réservé tous leurs efforts : ils crient, ils hurlent, et frappent et furetent les buissons ; c'est un tapage assourdissant auquel se mêle le bruit de la mousqueterie qui ne s'interrompt pas.

Le gibier se lève par nuées, l'air en est embarrassé ;

il en monte; il en pleut, il en tombe surtout devant
le Roi, qui excellait à tirer les coups de haut, les
plus difficiles comme chacun sait.

— Coq au Roi!

— Coq au Roi!

— A Monseigneur!

— Au Duc!

— Au Roi! au Roi! crie-t-on de toutes parts.

C'était un magnifique faisan panaché du Japon au
plumage d'or et d'albâtre. Exotique habitant du parc
de Versailles, jeté là par le luxe prévoyant de la
vénerie pour embellir une chasse, il s'enlevait d'un
buisson où il sommeillait, insoucieux dans son aristocratie.

Il est parti.

Le Roi, malgré sa vieille expérience cynégétique,
est un moment ému de sa magnificence; il hésite
presque : on tremble pour Sa Majesté que son émotion ne nuise à la précision de son mire. Cependant le Roi ne tarde pas à se remettre, il épaule
son arme, laisse, laisse filer, puis tire. L'oiseau, mal-

gré la distance qui le séparait du Roi, est atteint, et
tombe suivi des regards surpris de tous les assistans.

— Sire, c'est merveilleux!

— Le coup est vraiment magnifique!

— Parfaitement mort, Sire.

Pauvre oiseau de l'Orient! Qui sait? dans la profondeur de ces bois il s'était fait une patrie adoptive,
un carrefour qu'il aimait par-dessus tous les autres,
sombre, retiré, bordé de hautes futaies, opulent en
herbes, en mousse verte et en bruyères. Il avait là
ses amours et ses joies, et voilà que le plomb est venu
soudain lui ravir tout à la fois sa vie et ses liesses!

Le tiré est fini par ce coup d'éclat.

La voiture qui porte le gibier vient se ranger dans
le carrefour.

Le Roi se fit remettre les cartes piquées qui cons-
tatait le nombre des pièces qu'il avait tirées, et releva
de mémoire les erreurs qu'on avait commises. Le

porte-arquebuse, placé près de lui, écrivit sur ses genoux les ordres de Sa Majesté, pour les présens qu'elle adressait aux autorités, aux gardes-du-corps de service et aux habitans notables des environs.

C'est le dernier tableau de ces rians et élégans poèmes de quelques heures, qui semblent n'être que plaisir, et où cependant la générosité de Charles X, et même la charité du Roi très chrétien, figuraient toujours comme principaux épisodes.

SAINT-CLOUD.

SAINT-CLOUD.

La seule résidence où Charles X fut réellement à son aise chez lui, heureux comme un propriétaire dans sa villa, ou un gentilhomme dans son manoir, c'était Saint-Cloud. Il y a beaucoup de souvenirs politiques et royaux à Saint-Cloud. Le Roi se plaisait même quelquefois à rappeler celui du 18 brumaire, qui fit de Bonaparte l'un de ses prédécesseurs. Il voyait, dans cet événement, la main de Dieu conduisant la révolution à mourir par le sabre d'un soldat qu'elle avait elle-même fait puissant et fort.

Lorsque Charles X était à Saint-Cloud, il faisait ordinairement comme un bon propriétaire, le matin avant déjeuner dans sa ferme : il prenait un fusil, il sortait, et souvent, laissez-moi passer cette expression, comme en pantoufles, quelquefois seul, d'autres avec monseigneur le duc d'Angoulême, et il allait tuer des lapins dans cette partie réservée du parc qui s'étend du château royal, et qui, longeant la route de Ville-d'Avray, s'en va jusque vers ses murs extérieurs. Le lapin abonde en effet dans cette réserve. Il n'avait pour ennemis que le fusil du Roi, et l'art beaucoup plus redoutable des braconniers pour lesquels rien n'est sacré ; et qui considèrent un endroit comme d'autant moins réservé qu'il est d'un accès plus prohibé et interdit à tous.

quasi-bourgeoises, campagnardes et privées d'apparat. Quand il était avec son fils M. le Dauphin, il entremêlait les coups de feu, de nombreuses réflexions et d'impressives révélations, touchant leur vie passée, ou bien d'appréciations sur les circonstances présentes qui, on le sait, prêtaient beaucoup à l'attention des princes. [illegible]

[illegible]

— Le 15 juillet 1829, le Roi était sorti seul, non pour se rendre à cette chasse favorite, d'autant plus agréable pour lui qu'elle avait moins de pompe, de grandeur et de caractère officiel, mais pour aller visiter madame la Dauphine à Villeneuve-l'Étang, ainsi qu'il le faisait souvent en suivant la grande allée qui conduit à Ville-d'Avray; c'était étonnant qu'il ne chassât pas. Il revenait. Tout à coup un homme passa devant lui comme il entrait dans l'une des allées transversales et solitaires; il s'en allait tout gai, en fredonnant je ne sais quelle vieille chanson de la vieille armée. Ses jambes flageolaient tant soit peu, et tenaient avec grand' peine son corps dans cette position verticale que Dieu a donnée à l'homme en signe de sa supériorité sur les autres êtres de la création, dirait Sterne. Il était plus qu'évident que le malencontreux individu, chasseur, braconnier, ou toute autre chose suspecte, était aviné à ce degré qui égalise tout, qui revêt ce qui est autour, et devant et partout, de cette gaze voluptueuse et molle sous laquelle sont effacées les conditions et les différences des rangs. En passant tout à côté du Roi, il le heurta assez fortement du coude, et cependant il s'en allait sans même le saluer ; mais se ravisant, comme le Roi le regardait fixement, il se décida à tirer son chapeau. C'est bien heureux, fit Charles X, en vérité ; c'est tout au plus s'il daigne réparer son impolitesse envers le maître ou plutôt l'usufruitier de ce château. Cet homme fait de la politique libérale sans s'en douter, car cette politique qu'est-ce autre chose qu'une ivresse orgueilleuse et brutale, dominant tous les droits et méprisant tous les devoirs... Puis, revenant tout à coup à ses habitudes naturelles de douceur et de bonté, le Roi dit avec un accent toutefois un peu plus sec et rude qu'à l'ordinaire :

— La journée a été bonne, à ce qu'il paraît, mon brave homme ?

— Vous le voyez bien, grace à mon fusil...

— Vous êtes donc chasseur ?

— Et je m'en pique. Avec ça que mon fusil fait
volontiers connaissance avec le gibier! Ah! il en a
expédié celui-là avec sa vieille batterie, son chien,
son bassinet et sa pierre antique. A tel point que,
par son talent, ayant fait aujourd'hui un excellent
dîner aux dépens du Roi, j'ai besoin de faire la di-
gestion et de me promener. Voilà des raisons, je l'espère, et si vous ne les jugez pas bonnes, ce n'est pas
ma faute, notre bourgeois, pardon, notre général,
car vous devez, au moins, être général.

Le Roi se mordit les lèvres pour ne pas éclater,
il se contint. — Et quel a été ce bon, cet excellent
repas que vous avez fait aux dépens du Roi, dites-
vous? Est-ce que le Roi vous a invité par hasard à sa
table?

— Pas précisément, je me suis invité moi-même, et
j'ai bien fait, car le Roi m'eût probablement oublié,
et avec un superbe faisan pris dans le parc ici tout
près, nous avons, Robert et moi, fait une chère de
général, d'intendant, de fournisseur, un vrai repas de

Roi, que nous avons arrosé du meilleur vin de la commune de Garches, à votre santé, mon général. C'était régalant, tout de même, qu'un beau faisan du Roi !

—Et vous ne craignez pas de me le dire, ici, à moi ?

—Bah ! vous avez l'air d'un brave et digne homme, voyez-vous, et puis il faut que le pauvre monde fasse quelqu'extra de temps à autre aux dépens de Sa Majesté, c'est une habitude prise dans nos vieilles campagnes. Du temps de l'autre ! pardon, mon bourgeois, j'ai l'habitude de porter la main à la hauteur de l'œil droit en parlant de celui-là, —coutume militaire, — ah ! quel gaillard que l'autre,

—Vous avez été militaire ?

—Je m'en honore, général, et vous avez sans doute servi aussi dans la bonne époque ?

—Oui, j'ai servi et long-temps.

—En qualité de capitaine ?

—Mieux que cela,

—Je le disais bien que c'était comme général ?

—Mieux encore.

— Diable! diable! fit le paysan en se frottant l'oreille, c'est peut-être un maréchal de France. J'ai oublié leur physique depuis le temps où je les voyais au bivouac. Pour lors, ça ne peut être qu'un maréchal de France. Ils aiment les faisans, les maréchaux, et puis ils sont bons enfans, ils ont tous été soldats, ils connaissent la maraude, et mon métier n'est qu'un genre de maraude aux dépens de la couronne, qui peut bien me faire largesse de quelques-unes de ses pièces de gibier sans se ruiner.

Le Roi ne disait plus rien, il écoutait le parlage de cet homme, qui ne laissait pas que de l'égayer par la brusque naïveté avec laquelle il avouait sa coupable industrie, et par le sans-gêne de ses allures et l'entrain de ses paroles vineuses qui riaient sur ses lèvres.

Ils marchaient ensemble; de loin on eût dit deux bons chasseurs, excellens camarades; un citadin avec quelque paysan narquois, s'en allant de compagnie à la recherche du gibier à travers les allées d'un parc.

— —Je disais donc que vous étiez maréchal de France;
j'ai connu Moncey caporal, et Bellune sergent, moi
qui vous parle, monsieur le maréchal.

— Le Roi sourit en disant sa réponse de tout à l'heure;
mieux que cela.

Le braconnier commençait à entrer dans une voie
de noires réflexions, cherchant à connaître celui auquel il avait affaire, et naturellement il ne pouvait
y parvenir, lorsqu'ils arrivèrent ensemble à la grille
du parc du côté qui fait face à cette grande allée,
montant d'une voie si abrupte à la lanterne que le
vulgaire s'obstine à appeler de Diogène, et d'où l'on
voit Paris comme une grosse miniature de ville blanchâtre. Les deux sentinelles de la garde royale, en
voyant venir les deux personnages présentèrent les
armes, ce qui commença à étonner le paysan; mais il
alla encore se disant : il paraît tout de même que
c'est un général ou un maréchal comme je le pensais. Cependant le tambour battait aux champs, le
poste avait pris les armes, et les deux cavaliers que l'on
plaçait alors à la grille pour annoncer que le Roi ré-
sidait au château, se tenaient fixes et raides, le sabre

à la main, saluant de leur immobilité. Il était évident que ces honneurs étaient rendus à un personnage du rang suprême. Le pauvre hère sentait un frisson lui venir au cœur; mais il doutait encore, et ce douté était la conséquence de l'état où se trouvait sa raison avinée, devant laquelle, ainsi que je l'ai dit, tout était vague et incertain. Il se tenait à trois pas en arrière de son compagnon de route; il n'osait presque plus lever la voix ni les yeux vers lui. Il hésitait même pour savoir s'il ne lui convenait pas de se dérober par une prompte fuite à l'embarras de sa position, qui l'étreignait péniblement.

Le Roi appela un officier, qui lui répondit : — Sire, que désire Votre Majesté?

— Je suis perdu, murmura le braconnier. Le Roi, après avoir joui un moment de l'anxiété de son partner de voyage sans le regarder, se tourna vers lui.

— Je dois vous le dire, mon ami, vous faites un vilain métier en braconnant. Vous volez le Roi..... vous lui volez son gibier. Croyez-vous que ce soit moins mal que de dérober toute autre partie du bien d'autrui? Ne comprenez-vous pas que ce gibier est à lui comme la basse-cour d'un fermier lui appartient? Il faut en finir avec ce métier là, qui pourrait vous conduire à pire. Le braconnage donne des habitudes de ruse, d'audace, et bien d'autres, qui font de ceux qui l'exercent les plus mauvaises gens de leurs endroits; il faut résister aux gardes, on les tue....

— Sire, j'en suis incapable, je suis un honnête homme, un vieux soldat.

— Je le crois, mon brave, c'est une raison de plus pour vous d'abandonner un état aussi répréhensible. Le besoin, la misère sans doute, vous l'ont conseillé. Tenez, voilà de l'argent, ne braconnez plus, ne volez plus le gibier du Roi.

—Sire.... Sire, je vous le jure! Quel brave homme que ce Sire! oh oui, c'est fini. Et il se prit à crier de toute la force de ses poumons un *Vive le Roi!* que le plus ardent enthousiasme politique aurait jalousé.

Le Roi rentra au château tout joyeux, comme il l'était chaque fois qu'il avait fait une bonne action de plus; cela lui arrivait souvent; aussi chacun est d'accord pour convenir que son humeur et sa vie or-

dinaire étaient d'une douceur constante et d'une rare
sérénité.

A dix jours de là, le Roi en costume négligé, avec
la casquette grise qu'il portait dans ses courses ma-
tinales et campagnardes, marchait par la route qui
conduit à Villeneuve-l'Étang, et allait encore chez
Madame la Dauphine. Ces visites étaient une habitude paternelle chez lui, et il y manquait bien rarement. Il y avait entre ces deux nobles et belles âmes
tant de rapports et de points similaires de contact, que
des relations fréquentes et une pieuse intimité leur
étaient nécessaires. Que de choses avaient à se dire
toujours la fille de Louis XVI et le Roi Charles X.
Puis le Roi trouvait tant d'aperçus justes et fins,
d'idées droites et vraies, de sentimens généreux
dans l'esprit de Madame la Dauphine, qu'il éprouvait un charme attrayant dans sa conversation.

Le Roi marchait donc seul, l'esprit légèrement enveloppé d'une pensée que lui avait laissée la veille un
conseil de cabinet, dans lequel le premier ministre
avait exposé la situation politique de la France.
Porté par l'aspect des bois, les émanations vivifiantes

de la campagne, la solitude de l'air et du ciel, à ces réflexions graves et hautes que le bruit du monde et de la vie étourdit et empêche.

Comme il avait dépassé la maison du garde à cheval Vallerant, à la Porte Jaune, une femme de vingt-cinq ans, endimanchée, parée de ses plus beaux habillemens de village, passait affairée au-devant de lui : on voyait à sa démarche, à sa physionomie bouleversée, qu'elle avait une grande peine ou un grand embarras.

Le Roi la prit en pitié sur sa seule apparence.

Il lui demanda en passant où elle allait ainsi parée toute seule dès le matin, et un jour qui n'était ni fête ni dimanche ?

— Où je vais, répondit-elle, où je vais ? mon bon monsieur, est-ce que je le sais, moi ; vous voyez une femme au désespoir.

— Que vous est-il donc arrivé ? dit le Roi vivement intéressé.

— Oh mon Dieu ! Monsieur, ce qu'il m'est arrivé, c'est à me faire perdre la raison ; puisque vous avez l'air si bon, et que vous paraissez vous intéresser à moi, je vas vous le dire. Imaginez-vous que mon cousin François Lebouteux m'avait promis d'être le parrain de mon enfant, qui à cette heure attend encore le baptême, depuis un mois et demi qu'il est au monde. Mais voilà que le cousin me manque de parole ; il devait enfin venir aujourd'hui même de Paris, et il nous marque, dans une lettre qui nous parvient à l'instant, que ses affaires l'empêchent de s'y rendre. N'est-ce pas une horreur, mon bon Monsieur ? comment voulez-vous que fasse mon enfant ? est-ce qu'il peut se passer de baptême et de parrain ? J'allais donc de ce pas lui en chercher un, le premier qui sera de bonne volonté ; vous si vous voulez, mon bon Monsieur ; vous m'avez l'air d'un si brave homme, que je ne serais pas fâchée de vous avoir pour compère.

Le Roi se prit à sourire à cette proposition.

« — Excusez-moi, mon bon Monsieur, dit la femme un peu confuse de la hardiesse de sa demande, je ne voudrais pas vous donner de l'embarras, mais c'est que vous me rendriez un bien grand service, à moi et à mon mari, qui est un honnête homme connu dans

tout le village. Et puis tenez, Monsieur, ça porte toujours bonheur de faire un chrétien, c'est une ame de
plus qui s'intéresse à vous, qui prie pour vous.

—Allons, dit le Roi à moitié ému et à moitié riant
de l'étrangeté de cette offre et de la singulière ex-
centricité de la scène, j'accepte; je serai parrain,
entre honnêtes gens il faut se rendre service. Seulement, vous me donnerez une heure pour aller m'ha-
biller comme on doit l'être pour une semblable cérémonie, là chez moi, à deux pas d'ici.

— Oh Monsieur! que vous êtes bon, que nous
vous aurons de la reconnaissance ; mais c'est inutile
d'aller faire de la toilette, vous êtes assez beau ainsi
pour de pauvres paysans comme nous. Tiens, on n'a
jamais eu de parrains semblables dans le village de
Garches : toutes les voisines vont être jalouses. Oh!
que je suis heureuse! le cousin François peut bien
rester à son Paris tant qu'il voudra maintenant, nous
avons ce qu'il nous faut.

Et si le Roi eût laissé faire cette femme, elle
l'aurait embrassé, tant elle avait de joie expansive au
cœur.

— C'est que les parens et la commère attendent, continua-t-elle. Ah! pour la commère, vous aurez quelque chose de gentil, je vous l'assure, une jeunesse de dix-huit ans, une jolie fille, qui vous fera honneur quand vous l'aurez sous le bras. [illegible]

[illegible]

Et ainsi parlant du bambin, du village, des parens, du compère, ils s'en allèrent jusqu'à une petite maisonnette de Garches. Toute la parenté y était réunie, la femme conta son aventure, sa bonne rencontre ; on fit compliment au parrain improvisé. Quelques-uns de la compagnie trouvèrent que son visage ne leur était pas inconnu. Enfin on s'achemine vers l'église ; le Roi donnant le bras à sa gentille commère, et chacun disant : Faut-il que la femme à Jean Paul soit heureuse, d'avoir un parrain comme ça pour son enfant. [illegible]

[illegible]

Lorsque le curé vint aux fonts baptismaux, il fut d'abord étonné de la tenue négligée, quoique distinguée, du parrain qui se présentait.—Ce n'est guère l'usage, dit-il à son bedeau, de voir un bourgeois se présenter en casquette pour faire un baptême ; après

tout, cela nous importe peu. Et il commença la
sainte cérémonie.

Le Roi n'était pas, comme la plupart des personnes
qui se trouvent en semblable position, embarrassé
pour répondre aux prières et aux formules de l'église.
Sa piété lui rendait cette tâche facile et rendait inutile le zèle du bedeau. Le curé était édifié de cette
science liturgique que Sa Majesté devait à l'observation constante des pratiques religieuses, même au
milieu de la plus vive légèreté de sa jeunesse. Un moment le bon prêtre, en levant les yeux sur lui, crut
reconnaître l'original d'un buste en plâtre qui était
dans la maison commune du village; mais il pensa
que c'était une hallucination ou une étrange et fan-
tastique ressemblance.

Le baptême terminé et les évangiles selon saint
Jean étant dits sur la tête de l'enfant, on passa dans
l'antique sacristie tout étroite et humide de l'église;
on allait dresser l'acte qui constate l'admission de cet
enfant dans la société chrétienne, car depuis que les
habitudes nouvelles de notre pays ont dépouillé la religion de la garde de l'état-civil des citoyens, l'Église

n'en a pas moins observé, avec une rigide et scrupuleuse sévérité, les règles protectrices de leur situation sociale. Les registres sont tenus avec soin et exactitude, en duplicata comme à la mairie.

— Quel est le nom du parrain? dit le curé en posant la plume sur la table de noyer bruni, pour attendre la réponse.

Le Roi n'y avait pas songé. Il se sentit un léger trouble. Comment faire pour garder l'incognito, satisfaire à la demande du curé et ne pas mentir, car Charles X avait le mensonge en horreur, même dans les circonstances où il est le plus inoffensif. Que dire? Si c'est Bourbon Charles, on va me reconnaître... et cependant le curé attendait...

«Votre nom, s'il vous plaît? »

— Le Roy..... c'est cela, Monsieur, Le Roy.

— Votre prénom?..

— Charles...

L'acte dressé, la plume alla d'une main à l'autre

sans qu'aucune pût s'en servir autrement que pour apposer sur le registre une croix illétrée. Elle arriva au Roi.

En ce moment, un homme, qui jusque là avait paru absorbé dans un doute et une recherche, s'avança vers le père de l'enfant qu'on baptisait et lui glissa une parole à l'oreille.....

— C'est le Roi ! vive le Roi ! s'écrièrent tous les assistans.

— Le Roi ! fit le vieux curé laissant tomber ses mains sur la table et sa tête en arrière.... Sire, pardonnez, excusez-moi. Quel honneur pour mon église, pour moi, pour tous ces braves gens. Ah ! si nous l'avions su, nous vous aurions au moins reçu à la porte avec le dais et la croix, comme cela se fait à Notre-Dame quand Votre Majesté va assister à quelque cérémonie religieuse.

— Le Roi ! disaient à l'unisson les assistans ; et c'était un concert d'étonnement, de questions, d'interrogations mutuelles. Comment le Roi est-il venu servir de parrain à la femme de Jean Paul ? Où donc est-

elle allée le chercher? Quel courage! quel bonheur
pour elle et pour son enfant! celui-là ne sera pas
malheureux! Quand on a pour parrain le Roi de
France on doit devenir quelque chose, au moins sergent ou employé..... Mais qui eût dit que ce monsieur à la vieille casquette grise c'était le Roi! C'est
singulier comme un Roi ça ressemble à un autre
monsieur.!... Tout de même je m'en doutais un peu;
disait un vieux paysan, je l'ai vu quelquefois ainsi
costumé sur la route de Villeneuve-l'Etang, où il s'en
va voir Madame la Dauphine.

La mère du nouveau-né était presque folle de joie!
Le père s'était mis à deux genoux devant Charles X;
il ne tenait pas au bonheur de cette idée : le Roi sera
mon compère; je vais dire mon compère le Roi, et
on ne pourra pas me dire non.

Jamais cœur et poitrine de marraine ne se sont
soulevés et n'ont battu avec un mouvement plus pré-
cipité, agités par le plaisir d'avoir un noble et galant
partner dans cette première fête, d'un enfant que
l'on tient sur les fonts! âme de jeune fille ou de
femme s'émeut de satisfaction quand elle a pour com-

père , un brillant et riche gentilhomme, qu'est-ce donc pour une fillette de village d'être la commère du Roi de France ! Il y a autour de cette idée tout un monde de rêves et d'avenir heureux. C'était donc une ivresse générale. ...

Le bruit de la présence du Roi s'étant communiqué au dehors, car ces sortes de nouvelles ont des ailes rapides, courent avec l'air, glissent avec la lumière du jour, arrivent partout sans qu'on voie leur passage électrique, la foule était accourue dans l'église, et les visages des villageois, des femmes et des enfans, apparaissaient par la porte entrebaillée de la sacristie. Le Roi commençait à être gêné et embarrassé de ce mouvement.

— Sire, dit respectueusement le curé, en reprenant sa plume et l'approchant d'une main tremblante de l'écritoire de plomb, car elle s'était desséchée pendant cet intermède d'étonnement et d'enthousiasme, il faut donc que j'écrive sur l'acte de baptême, monsieur Le Roi....

— De France.... reprit vivement Charles X. Vous

,voyez que je vous disais la vérité, et pour le nom de
l'enfant, vous le savez.... Charles... En ce moment ce fut un nouveau chœur de
vivat, la voûte de l'église retentit d'un long vive le
Roi! Pas n'est besoin de dire que le curé, le clerc,
l'église, la mère de l'enfant et la commère, se ressentirent de la présence et du service que le Roi venait
de leur rendre en remplaçant le cousin François Lebouteux. Charles X avait des habitudes de générosité
qui devenaient impérieuses chez lui lorsqu'il avait en
sa présence de pauvres et bonnes gens.

Un homme se fit distinguer par son enthousiasme
lorsque le Roi sortit de l'église entouré de toute
cette foule, c'était celui qui l'avait fait reconnaître.
C'était le braconnier que sa bonté et sa générosité
avaient converti à une meilleure vie. Il racontait à
tous l'histoire de sa promenade avec le Roi et redi-
sait les paroles amies qu'il lui avait adressées. Ce
sont là de ces souvenirs qui restent dans l'âme, et
passent dans les familles comme des titres et des
portraits paternels.

En arrivant à Villeneuve-l'Etang, le Roi raconta
avec l'effusion du bonheur cette petite scène à Madame la Dauphine qui en fut vivement émue, et qui
le même jour envoya de ses nouvelles au filleul de
Sa Majesté. Depuis, le Roi fit souvent demander
comment se portait le petit Charles; il s'était promis
de veiller à son avenir. Hélas! pauvre enfant, aux
jours où il est né, peut-il être au pouvoir d'un Roi
de promettre et garantir l'avenir!

RAMBOUILLET.

RAMBOUILLET.

———◦◆◦———

26 JUILLET 1830 !

La ville de Rambouillet allait s'éveiller. La cloche
de l'église n'avait pas encore sonné l'*Angélus* de sa
voix grèle et cassée, mais on entendait le mouvement
matinal des vaches qui agitaient leurs clairons , et
que chassaient devant elles de petites filles allant
aux champs. Le soleil avait dépassé la ligne de l'ho-

rizon, ses premières lueurs liseraient les hautes cheminées de Rambouillet et se jouaient aux vitres
étincelantes du château. Des émanations de prairies,
de blés jaunis et de feuilles vertes échauffées par la
fécondante influence du soleil levant, embaumaient
l'air. Plus de rosée, plus de gouttes d'eau qui font
plier les brins d'herbes et les marguerites sous le
poids de leurs gouttes diamantées. Dans la forêt les
fauvettes sifflaient sur les pommiers sauvages, quelques pies agaçaient sur les frênes, et des tiercelets,
étendant leurs ailes aiguës comme les voiles latines
d'un chebec ou d'un pinque génois, planaient au-
dessus des plus hautes futaies.

Une magnifique et chaude matinée d'été s'annon-
çait dans la transparence de l'atmosphère, dans son
ciel bleu et profond, dans la solennité des bois, dans
le bourdonnement des insectes ; en un mot, dans
toutes les pompes rurales et les harmonies des paysages champêtres. A cette heure matinale plusieurs valets de limier,
sortis du chenil de Rambouillet, entraient déjà au
bois par des points opposés ; ils allaient se distribuer
en divers cantons pour commencer les dedans de

leur quête ; depuis deux heures les grands devans étaient achevés. Les bêtes fauves les plus atardées aux gagnages s'étaient mises au ressui et avaient eu le temps de se rembûcher tranquillement.

L'un de ces valets de limier pénètre dans la quête de St.-Léger, aux environs du Poteau du Chêne du Roi.

Il avait rompu une branche, et l'avait placée par terre, de manière à ce que le bout cassé indiquât le côté par lequel il se dirigeait, et il excitait son limier de sa voix et de ses caresses.

Tout à coup le limier se rabat.

— Après, l'ami, après, dit le veneur.

Le chien montrant encore plus d'ardeur, le valet de limier se décide à examiner la voie. Il revit alors d'un pied, mais faiblement marqué. Le sol était si ferme, qu'il n'avait conservé que d'imperceptibles égratignures. Il se mit les genoux en terre et se pencha en avant afin de mieux distinguer (1).

____

(1) On juge les différens âges du cerf par le pied principalement. La connaissance du pied et des allures varie selon la con-

— C'est cela, dit-il en bondissant de joie, c'est cela!...

Le talon lui a semblé gros et nourri, les côtés et les pinces arrondis, fermés et usés. Quant aux allures, impossible d'en juger; mais le limier tient ferme dans la voie, et Tambeau est un des plus sûrs de la vénerie, son flair est infaillible, on peut s'en rapporter à sa finesse.

— Maudite sécheresse, maugréait cependant le valet de limier; elle est si ardente que sous bois il n'y a pas moyen de se rattraper avec les foulées; pas un petit brin d'herbe de ployé; ils sont tous hérissés comme des dards. Et malgré lui il se préoccupait de cette réflexion; il ne pouvait dissiper un léger

formation de l'animal. Par exemple, les gros cerfs, en allant d'assurance, ont les pinces fermées, à moins qu'il n'y ait quelque raison particulière qui les empêche. Les jeunes cerfs vont souvent les pinces du pied de devant ouvertes, mais toujours celles du pied de derrière fermées. Les biches, pour l'ordinaire, vont toutes les pinces ouvertes. Les vieilles qui ne portent pas de faons, et que l'on nomme *brehaignes*, vont quelquefois seules, et comme elles sont grosses de corsage, elles pèsent plus que les autres et se donnent plus de pied; elles ont aussi les allures plus grandes. Ces biches ordinairement se jugent comme un cerf à sa quatrième tête, ou même dix-cors jeunement : *bien des veneurs y ont été trompés.* D'YAUVILLE.

voile de mauvais pressentiment qui passait sur son
esprit.

Enfin le tour de l'enceinte est achevé, et il a été
ramené aux premières brisées. Le limier s'agite de
nouveau; il s'arrête, il semble lui-même reconnaître
ces brisées, et il regarde son maître comme s'il lui
disait: « *Voilà notre besogne achevée.* »

Plus de doute, l'animal est là sur le ventre. C'est
un cerf à sa quatrième tête, ou bien un cerf dix-cors
jeunement.

Dans les autres cantons de la forêt, dans les
taillis de Villarceau, dans les bois de la Pomme-
raye, dans ceux d'Epernon et de la Charmoise,
pareille manœuvre s'exécutait. Charlemagne, Léchal-
lier, Berguissier, Latrace et Delaunay, ces Nestors
de la vénerie, détournent à coup sûr et vont bientôt préparer leur rapport.

La belle chasse qui s'apprête! comme ces allées
sont lisses! que la trompe retentira au loin claire et
distincte! comme le coup d'œil de ces meutes et de
tout ce cortége de gentilshommes montés sur leurs
chevaux anglais, sera gai, animé et brillant à voir!

vrai, c'est une belle chasse que va faire le roi de France !

Il n'est que neuf heures, et déjà sur la route de Chartres un équipage ébranle le pavé. A la beauté des chevaux, à l'élégance des harnais, à la coupe de la caisse et à l'ensemble du ménage, on dit qu'il appartient à Monseigneur le Dauphin. Les grilles sont ouvertes, et le château, qui dort toute l'année, s'éveille et s'anime pour recevoir ses hôtes de quelques heures.

Dans la ville, ceux qui ne savaient pas encore que la chasse aurait lieu, ont aperçu la voiture de Monseigneur, et c'est un mouvement général parmi cette population semi-villageoise et moitié citadine. Quelques bourgeois s'habillent à la hâte, des rentiers et de vieux militaires en retraite font aussi leurs préparatifs. Des dispositions plus élégantes et plus fashionables se prennent dans les châteaux voisins de Rambouillet, et jusqu'à Maintenon même, cette demeure des héritiers du noble nom de Noailles, des ordres

ont été donnés pour que les chevaux soient prêts ;
ils viendront se joindre à la suite de Sa Majesté.

Le Roi cependant n'a pas encore quitté Saint-
Cloud ; l'heure de son départ a été fixée pour midi.
Sa Majesté, contre la coutume, n'a vu aucun membre
de sa famille présent à son lever. Le Dauphin qui,
les jours de chasse, ne pouvait assister à la messe,
avait pris les devans vers Rambouillet, et Madame
la Dauphine se trouvait alors à Vichy.

Jamais le Roi n'avait eu un visage plus heureux et
plus reposé que ce jour là. Sa toilette achevée, il
avait fait ouvrir les croisées de sa chambre, afin de
juger par lui-même de la beauté du jour qui commençait. « Aubry, avait-il dit à son premier valet de
chambre, mettez de l'or dans ma bourse, je chasse
aujourd'hui, » et il avait été s'accouder quelques
instans sur l'appui de la croisée, où il avait laissé
tomber ses regards sur la plaine qui va vers Paris.

En se retournant, le Roi trouva ses journaux sur sa
table. Il fit déployer *le Moniteur* par M. de Saint-

Albin, et le parcourut avec un peu plus d'empressement que d'ordinaire.

— Chantelauze a raison :

« C'est par l'action violente et non interrompue de
la presse que s'expliquent les variations trop subites,
trop fréquentes de notre politique intérieure. Elle
n'a pas permis qu'il s'établît en France un système
régulier et stable de gouvernement....

» Une démocratie turbulente qui a pénétré jusque
dans nos lois, tend à se substituer au pouvoir légi-
time (1)......... »

Comme il achevait sa lecture, le Roi se recueillit
et parut méditer, puis il murmura ces paroles qui
s'échappaient des profondeurs de son âme :

— Non, la France ne m'en voudra pas, car j'ai
fait mon devoir ! et son visage, déjà si noble et si
calme, s'anima d'une indescriptible expression de
contentement où se reflétait toute la pureté de sa
conscience. Quelques instans après, Sa Majesté sortit de sa chambre pour se rendre à la chapelle.

(1) Rapport au Roi.

Au bout de la grande galerie du château est le salon de Mars. De là on arrive de plain-pied à une tribune, et alors à vos pieds c'est la chapelle. Ordinairement c'était Mgr. le Dauphin qui entrait le premier dans cette tribune, venait ensuite le Roi, suivi des princesses. Le Roi se plaçait au milieu de sa famille, ayant Monseigneur à droite. A Paris, cette règle d'étiquette était ponctuellement observée. Sa Majesté s'inclinait devant l'autel ; le grand-aumônier s'approchait d'elle, recevait son chapeau et lui remettait ses *Heures* en échange. Mais aujourd'hui le Roi est venu seul prendre sa place.

„ Les gardes-du-corps composant la garniture de la chapelle ont porté et présenté les armes à l'approche du Roi. Les servans et le prêtre sont sortis processionnellement de la sacristie. Celui-ci, devant l'autel, s'incline, puis il se retourne vers le Roi et il salue profondément.

L'office a commencé.

Au milieu du recueillement général, on entend commander *l'arme au pied*, et ce mouvement retentit

avec une admirable précision sur les dalles de la
chapelle.

Dans la tribune du Roi, et autour de S. M., sur le
second plan, s'est placé tout le service, quelques
grands officiers de la couronne, le capitaine, le
major des gardes, et quelques rares gentilshommes.
Le personnel était peu nombreux. C'est un fait remarquable que jamais Saint-Cloud n'avait été plus
désert que le 25 et le 26 juillet. Pendant les jours
malheureux qui suivirent, le château fut encore plus
délaissé; mais du moins pour tous ceux qui connaissent les dévoûmens officiels, cette solitude se
comprend et s'explique.

Parmi le peu de personnes que leur devoir avait
réunies à Saint-Cloud, il régnait une très vive pré-
occupation d'esprit. On se contenait en présence du
Roi, dont l'air satisfait et calme contrastait avec la
contenance de tous ceux qui étaient présens. C'est
que tous avaient été frappés d'épouvante le matin par la
nouvelle imprévue de la publication des ordonnances.
Personne ne croyait à la possibilité d'une pareille

mesure. On avait bien vu la veille M. de Polignac et
ses collègues sortir du conseil le visage tout rayonnant
de joie ; eux qui, depuis quelque temps, n'entraient
et ne sortaient jamais que soucieux et mécontens ;
mais ce changement avait été commenté autrement
que par le triomphe de leur politique sur l'honorable indécision de Charles X. [illegible]

[illegible]

« Rien ne fait plus resplendir la majesté du ciel que
de voir les majestés de la terre se prosterner devant
ses autels. Charles X était sincèrement religieux.
Son culte était celui du vrai chrétien. Il ne sacrifiait
pas aux impérieuses exigences de sa condition de
roi, lorsqu'il se livrait aux pratiques de la piété ; de
tous temps il s'était montré ainsi, même pendant les
jours de l'exil. Après le bonheur de toucher et de
revoir la terre natale, le second qu'il éprouva en
arrivant en France fut celui d'entendre la messe dans
une petite église de village, située à l'extrême fron-
tière ; tous ceux qui l'approchaient lui ont souvent
entendu rappeler ce souvenir. La ferveur du Roi n'é-
tait jamais plus grande que lorsque la chapelle était
déserte. Entre Dieu et lui il n'aimait pas à trouver

les pompes de l'entourage royal ; l'orgue avec ses mélodies vibrantes, lui paraissait un inutile auxiliaire dont les voix parlaient plutôt aux sens qu'à l'ame. Un peu d'encens s'échappant de l'encensoir en spirales diaphanes veinées de nacre et d'argent, un autel avec une simple croix, un tabernacle doré, quelques fleurs naturelles exhalant leur parfum aux jours solennels de l'église, et le mêlant aux aromes de l'aloës et du benjoin, c'était tout ce qu'il voulait pour que son ame s'animât peu à peu et s'élevât jusqu'au ciel, en passant successivement par tous les degrés de la prière et de l'exaltation religieuse.

L'élévation sonne.

Le front royal s'infléchit humblement.

—Oh ! mon Dieu ! pensa Charles X, toi qui connais le fond de mon cœur, inspire-moi dans l'accomplissement de la tâche que je me suis imposée. Fais que mon royaume soit florissant, mon peuple heureux ; dessèche dans sa source l'esprit révolutionnaire qui le déprave, et qu'il apprenne enfin à rendre justice aux bonnes intentions de son Roi.

Il était encore placé sous l'impression de ces dernières paroles, quand le *Domine salvum fac regem* vint le saluer. Un éclair glissa sur son front et l'illumina d'un sillon de bonheur. Cette coïncidence de la prière personnelle et du vœu que lui disait l'église, lui parut, dans la sincérité de ses croyances, l'heureux présage de l'accomplissement de son souhait.

Le silence était si grand à la chapelle, qu'on pouvait entendre distinctement résonner sur les dalles et les parquets les coups de talon que frappaient les gardes du corps de faction, quand quelques hauts personnages passaient dans la galerie. Au bruit répété de ce rendement d'honneur, distinction réservée aux éminences de la cour, il était facile de comprendre que le salon de Mars s'était enfin peuplé d'une fraction de ses hôtes habituels.

— Enfin, enfin, ça va marcher, dit M. Duchesne en s'adressant aux personnes qui composaient le groupe auquel il se trouvait mêlé. Et en même temps il se frottait les mains d'un air de satisfaction que les autres assistans étaient fort loin de partager.

— Comment l'entèndez-vous? demanda M. le général Bongard, qui jusque-là n'avait bougé ni pied ni tête, et dont les traits exprimaient la plus grande affliction.

— J'entends, — c'est tout simple, — que le pays sera mis à l'ordre. Il faut en finir avec tous ces criards de la Chambre.

— Ce qui se passe, Monsieur, est beaucoup trop grave, ce me semble, pour en parler sur le ton de la plaisanterie.

— Mais je parle très sérieusement, je vous jure, général.

—J'arrive de Paris, dit M. de Pradelle, et je puis certifier que déjà une agitation visible se manifeste partout. Le ciel politique est noir d'orage.

— Je le crois, dit M. le comte Hocquart.

— Mais, Messieurs, que vouliez-vous donc qu'on fît dans le désordre où nous marchions? Vous oubliez qu'il n'est rien moins question que de refuser l'impôt, que des associations menaçantes se sont formées à ce sujet, que la presse souffle et attise partout le feu?

— Je ne sais pas précisément ce qu'il fallait faire, répondit le comte Hocquart avec une modestie trop pleine de réserve, je ne me mêle pas de traiter à fond des questions de haute politique. Il y avait certainement quelque chose à faire, je n'en disconviens pas; mais j'ai la conviction que ce qu'on a fait n'est pas bon.

—La fin couronnera l'œuvre.

—Moi je dis, continua M. Hocquart, ce sera une fin comme une autre; c'est un duel qui se joue. Franchement je n'ai pas confiance en nous.

— Monsieur, dit le général Bongard, vous êtes

jeunes, vous autres, vous pouvez courir les chances d'une nouvelle révolution ; les révolutions en France finissent toujours, je le sais, par la résurrection de l'ordre ; mais moi qui ai essuyé la bourrasque de 89, je ne puis envisager sans terreur les mesures que le Roi vient d'adopter. Il me semble que je n'ai plus qu'à prendre une besace de pélerin, et à me mettre en route comme un pauvre émigré.

—Et mon Dieu ! rassurez-vous, Messieurs, les choses n'iront pas là, dit M. Duchesne, en se frottant les mains de nouveau.

Monsieur le premier veneur parut au même instant au bout de la galerie. Le groupe des causeurs se rompit, et plusieurs d'entre eux allèrent à sa rencontre.

C'est surtout dans les conjonctures difficiles qu'on éprouve le besoin de trouver auprès de soi des hommes énergiques et supérieurs. Leur présence semble alors quelque chose de providentiel, une protection dans le danger, un conseil pour le prévenir. Toutes les espérances se concentrent en eux ;

on aspire à lire sur leur visage ce qu'on doit attendre
des événemens qui nous arrivent.

M. de Girardin, à qui tous, ou à peu près, ren-
daient la justice que méritaient son courage, son
intelligence et son caractère, venait à propos pour
donner une impulsion décidée à tous ces esprits
incertains et flottans.

— Eh bien, général, lui demanda-t-on avec empressement, que dites-vous de ce qui se passe?

M. de Girardin, qui jugeait, d'après l'heure avancée,
qu'il n'aurait point le temps d'entrer dans de longs
détails, formula sa pensée en quelques mots, et la
jeta ainsi aux oreilles consternées des gentilshommes
qui l'entouraient.

— Je pense, Messieurs, que, grâces aux ministres
du Roi, Sa Majesté est arrivée à ce point de reconnaître qu'il n'y a que deux manières pour elle de
sortir du royaume : l'une, ignominieusement chassée;
l'autre, à coups de fusil, et que le Roi, en vrai gentilhomme, a choisi les coups de fusil.

M. le général Bongard, à ces mots, resta immobile et comme pétrifié. Il ne parla plus.

M. de Pradelle leva la tête et ouvrit ses yeux avec un étonnement interrogateur.

Le Roi sortait au même instant de la chapelle. Sa Majesté passa au milieu de la double haie des gentils-hommes et des courtisans. Son air satisfait frappa tous les regards, et telle était sa confiance dans sa cause qu'il ne s'aperçut même pas de la consternation qui se lisait au front de ceux qui étaient devant lui; s'en fut-il aperçu, il en aurait certainement cherché le motif là où il n'était pas.

Il annonça à M. de Girardin et aux personnes qui devaient le suivre à la chasse, qu'il allait monter en voiture.

Déjà, en effet, les gardes-du-corps étaient rangés en bataille devant la salle des généraux.

Il montait le marche-pied.

Il se sent retenu familièrement par le bras, et en même temps madame la duchesse de Berry, qui venait le complimenter, lui disait d'un ton de douce familiarité.

— Pas si vite, Sire, donnez au moins le temps de vous adresser des félicitations, et permettez-nous de vous dire qu'à partir de ce matin vous êtes vraiment Roi de France.

Charles X sourit légèrement. — Je vous remercie, dit-il, et j'espère que vos félicitations sont le premier mot de la France et de l'Europe.

Quelques personnes de l'assistance ne purent retenir un mouvement de tête significatif.

On est parti.

L'équipage est sorti de l'enceinte du château de Saint-Cloud. Il a monté la côte qui mène à ville d'Avray, et roule avec un bruit mat sur les herbes de la grande avenue.

D'espace en espace de petits plafonds de sable et de gravier, font grincer les roues, puis elles retombent dans leur roulement sourd et épais.

Le Roi n'avait pas encore engagé la conversation ; on cheminait dans un profond silence.

— Général, dit-il, tout à coup en s'adressant à M. de Girardin, avez-vous lu les ordonnances ?

Et sans attendre de réponse, il continua :

— Quelle est votre opinion ?

Le Roi connaissait fort bien son premier veneur. Il savait que jamais pensée ne sortait de ses lèvres que comme son cerveau la produisait, c'est-à-dire armée de pied en cap et la tête haute. Cependant Sa Majesté ne comptait peut-être pas tout-à-fait sur la précision et la promptitude avec laquelle on allait satisfaire à sa question.

— Sire, c'est un coup d'État.

Le Roi sourit.

—Toujours extrême, général; mais cela ne ressemble en rien à un coup d'État.

—C'est non-seulement un coup d'État contre un parti, mais c'est un coup d'État contre la France entière, et je pense qu'afin d'en prévenir l'effet, le Roi a 60,000 hommes dans Paris?

—A quoi bon? mais tout se passera sans confusion.

—Les conseillers de la couronne devront compte au Roi et au pays de bien grands malheurs!

—Que voulez-vous dire?

—Les ennemis du trône feront croire au pays que le Roi a manqué à ses engagemens.

—Le pays ne le croira pas. Je n'ai jamais voulu

que le bonheur de mon peuple ; la preuve de ma
sollicitude pour lui est dans les actes de ma vie et
dans tous mes discours. Le pays aurait-il déjà oublié les paroles que j'ai naguère adressées au président du tribunal de Paris? « C'est par la justice
que règnent les rois, et la partie la plus importante
de mon autorité vous est déléguée, usez-en avec une
religieuse fidélité, et soyez persuadés que vous vous
concilierez des droits à ma bienveillance à mesure
que vous apporterez dans vos jugemens de l'exactitude et de l'impartialité ! »

Après quelques secondes, le Roi continua.

— Ne voyez-vous pas, monsieur de Girardin, que
j'ai fait jusqu'ici tout ce qu'on a voulu, la France est
heureuse et florissante ; mais il existe quelques mil-
liers d'individus qui jettent le désordre partout, con-
voitent le pouvoir et nous poussent pour nous faire
tomber dans un guet-apens? Lorsque la Chambre des
Députés a voulu enlever des mains de Villèle l'administration des affaires, je me suis empressé de com-
plaire aux vœux qui m'étaient exprimés, quoique

mon opinion personnelle fût favorable à mon ministre. J'ai composé un cabinet de fusion, en prenant
ses élémens parmi les hommes les plus honorables et
les plus capables de cette chambre. J'avais droit
d'espérer qu'une aussi loyale concession de ma part
serait favorablement accueillie : eh bien ! qu'en est-il
résulté? Ils ont pris ma bonté pour un acte de fai-
blesse ou de pusillanimité. Le député Sébastiani
s'est écrié en faisant allusion à cette petite victoire :
la brèche est faite, il faut y entrer. Martignac ne
parvint point à se concilier la majorité, sa position
devint intenable ; il lui fallut battre en retraite devant
cette fraction révolutionnaire du pays, qui évidemment se souvenait de 89, et prenait l'exemple de
l'Assemblée nationale pour guide, de même qu'elle
paraissait se flatter que j'allais imiter la conduite de
mon frère.

» — Sans doute, dit le duc de Luxembourg, il fallait se décider à opposer l'énergie et la force à une
malveillance bien notoire.

— En admettant cela, continua le comte de Girar-

din, je dirai que le déploiement de cette énergie
exige certaines conditions qui n'ont pas été remplies,
et la France me paraît peu préparée aux mesures que
le Roi vient de prendre.

— C'est là votre erreur, j'ai donné à l'article 14 de la
Charte sa juste interprétation. « En cas d'urgence,
dit-il, au Roi appartient de faire les ordonnances nécessaires au salut de l'Etat.» Cela est fort clair... Et
cependant, à vous entendre, le trône est en péril.

— A la place du Roi je ne m'éloignerais point de
Saint-Cloud.

— Heureusement pour la France et pour moi, Général, mes ministres, qui voient les choses de plus
près, ne les jugent pas comme vous faites. Hier
encore j'ai demandé au conseil assemblé, s'il pensait que ma présence aujourd'hui serait nécessaire à
Saint-Cloud; s'il le faut, Messieurs, leur ai-je dit, je
n'irai point à Rambouillet.

— Et leur réponse, Sire?...

— A été unanime, ils m'ont dit qu'il n'y avait aucun inconvénient à m'absenter.

— Il est de mon devoir de l'indiquer au Roi : j'ai lieu de croire que si l'intervention de la force devient nécessaire, les régimens de la garnison de Paris seront très froids dans leur obéissance.

— Qui vous a dit cela?

— Un des membres les plus influens de l'opposition parlementaire, le premier des 221. Il m'a été affirmé que les régimens avaient eu quelque contact avec les députés libéraux.

— C'est une vanterie sans fondement qu'ils ont voulu m'adresser par votre intermédiaire, Général.

— Pas tout à fait. Il y a deux heures que j'étais dans Paris, et je puis dire que déjà il régnait une grande fermentation causée par la lecture du *Moniteur*. Les visages étaient consternés, Sire; les journalistes parlaient de protestation... de résistance....

de... A mon avis l'enjeu du Roi me paraît trop gros
dans cette partie que les ministres viennent d'engager.

— Et vous pensez?...

— Que le retrait des ordonnances pourrait seul la
faire gagner au Roi.

Charles X sourit d'un air d'incrédulité ironique...

— Alors vous voulez que je pousse la France
sous le couteau d'un second 89 et 93. Puis-je y
souscrire? Non, assurément. J'ai fait pour le mieux,
on ne s'y trompera pas. Attendons, et l'issu nous
prouvera que j'ai bien fait.

Monsieur de Girardin se tut.

— Mon cher Armand, dit le Roi en s'adressant à
son vis-à-vis, le général n'est pas un grand partisan
de la politique de votre frère.

— Sire, reprit avec empressement le premier veneur, tous deux nous voulons arriver au même but, au bonheur de la France et à l'affermissement de la puissance royale; mais il paraît, en effet, que nous différons essentiellement dans nos moyens.

— C'est surtout sur la question de l'alliance anglaise, je crois, que vous repoussez toute solidarité avec les opinions du Prince, n'est-ce pas Girardin?

— Sur ce point notamment, oui, Sire. Il en est beaucoup d'autres...

— Oh! je le sais.

— Vous me communiquerez vos théories, Girardin. Je serai bien-aise de les connaître. Si je ne puis en faire une application immédiate, j'y songerai, et en attendant j'aurai eu le plaisir de vous entendre. Peut-être aujourd'hui même à Rambouillet.

Monsieur de Girardin s'inclina.

— Le Roi fera-t-il une longue chasse? demanda après un silence d'un instant M. le comte de Girardin, dont la pensée ne pouvait se soustraire aux sombres prévisions que lui suggérait l'obsédant souvenir de ces ordonnances.

— Mais cela dépendra tout à fait de ce que nous ferons. La journée est belle et s'annonce pour la chasse sous d'heureux auspices. Nous verrons.

Le carrosse du Roi s'est arrêté. On était à Cognières, le second relais.

Des chevaux frais vont remplacer l'attelage que le Roi avait pris à Saint-Cyr. Ceux qu'on dételle fument comme au milieu de l'hiver, la sueur imbibe leur poil et la mousse blanchit leurs mors et couvre leur harnais ; c'est que le soleil a été d'aplomb pendant tout le trajet qu'ils viennent de parcourir. Il n'y a pas deux heures que le Roi est parti, et il touche à sa destination.

Un peu au-delà de Cognières, une route vient s'embrancher à celle de Rambouillet, elle mène aux régions nord-est de la forêt. La maison qui se trouve au sommet du triangle dont ces deux routes forment les côtés, se nomme la Maison Blanche.

« Quand le rendez-vous de chasse se trouvait indiqué dans la forêt de Saint-Léger, cette annexe de Rambouillet, c'était toujours par ce côté qu'arrivait le Roi. Le pays est plat comme l'Ukraine, des plaines çà et là enclavées dans des bois, des plaines étendues comme elles le sont dans la Beauce ; le regard du chasseur, en parcourant ces chemins, se plaît à plonger dans ces vastes horizons ; il sent son cœur battre d'émotion aux idées que cette campagne éveille en lui, car il se figure assister à un débûché, il suit en idée la voie du cerf, les manœuvres de la meute qui le poursuit ; il voit les cavaliers ivres de joie, et emportés sur leur trace par la rapidité fougueuse de leurs chevaux. Il voit distinctement la bête qui file, file et se forlonge ; il se dit, elle sera là bas dans un moment, et il fixe un point éloigné sur la ligne, c'est une lieue. Il n'a pas achevé de dire, que le cerf a franchi l'espace, il est rendu.

« Et cependant ce n'est pas seulement par les émotions qu'il donne aux chasseurs, que ce pays est intéressant ; çà et là des ruines qui évoquent de doctes souvenirs ; de pieuses abbayes qui ne sont plus que de simples maisons de campagne, mais dont les vestiges ou les noms ravivent encore les traditions historiques.

Tenez, c'est l'abbaye des Hautes-Bruyères, cette simple demeure devant laquelle l'équipage du Roi vient de passer. Peut-être, est-ce la première fois que ce nom se jette sous vos yeux, ou bien, si vous l'avez déjà vu, vous ne l'aurez pas regardé ; cependant c'est là que, depuis des siècles, repose le cœur de François Ier.

— Donnez donc de grands rois à la France, fit observer le comte de Girardin. Ici, dans cette demeure qui n'est séparée de la grande route que par un très petit espace, repose sous un pilier de marbre le cœur du héros de Marignan, du vaincu de Pavie, de l'ami de Bayard, de Montmorency, de Foix et de la Trémouille ! et c'est à peine si, sur dix mille voyageurs qui passent sur cette route, deux le savent et saluent de la pensée cette grande ombre d'un monarque dont l'effigie est empreinte sur un siècle tout

entier auquel il a laissé son nom, et dont la spirituelle physionomie a passé traditionnellement dans
la mémoire de tous.

— J'ai le projet d'acquérir cette propriété, dit le
Roi. Je la ferai reconstruire en mémoire de notre
aieul le Roi chevalier.

— C'est un soin qui appartient plus à Votre Majesté qu'à tout autre, dit M. Armand de Polignac.

— Les princes, mes prédécesseurs, ont partout
laissé à Rambouillet des marques de leur règne. Tout
parle de Louis XV, de mon frère le martyre ; il n'est
pas jusqu'à Buonaparte qui ne soit inscrit partout.
Je veux que mon nom figure parmi tous ceux des
rois de France qui ont témoigné, par leurs bien-
faits, de leur prédilection pour ce séjour. Girardin, je
vous consulterai sur les travaux que j'ai en vue.
Le Grand-Commun avec ses magnifiques appartemens, ses remises et ses écuries ; le château de Saint-
Hubert, dont quelques débris épars attestent seuls
l'ancienne existence, furent édifiés sous Louis XV.

— Oui, Sire, et c'est à peine aujourd'hui si, dans les environs de ce manoir royal, et sur le terrain qu'occupait jadis la cerisaie Dubarry, on parviendrait à trouver l'un de ces nombreux cerisiers qui furent greffés par la main du Roi.

—Louis XV, à mon avis, fit observer le Roi, ne se piqua pas de discrétion à l'égard de ce bon Penthièvre. Vous savez, Messieurs, que sous le prétexte de ne pas être à charge au Duc, à qui appartenait alors Rambouillet, il manifesta le désir de faire bâtir une petite maison propre à servir de rendez-vous de chasse dans les forêts voisines. Supplié par le Duc de disposer de tout ce qui lui serait agréable, Louis, au lieu d'une petite maison, fit construire un splendide château au bord de l'étang de Saint-Hubert.

C'était fort beau, du reste. Avec ses nobles appartemens, ses décorations intérieures, ses vastes avenues, cette résidence avait plutôt l'air d'un temple consacré au génie de la chasse que d'un simple rendez-vous.

— Napoléon, dit M. de Girardin, apporta moins

de faste, lorsqu'en 1808 il fit bâtir, dans le même but de service pour les chasses, ce pavillon de Pourras que voilà là-bas de l'autre côté de l'étang, en face l'emplacement de l'ancien château de Saint-Hubert.

L'équipage prenait, au même instant, l'une des chaussées des vastes étangs de Pourras, et on pouvait découvrir au loin comme sur les bords d'un lac, le petit bâtiment indiqué par le premier veneur. Ses persiennes vertes étaient fermées; on eût pu croire que cette demeure solitaire et délaissée dormait au bruit berceur et monotone des petites lames bleues qui venaient battre la berge et se dérouler en franges d'argent presqu'à ses pieds.

Le Parisien, que la nécessité des affaires retient captif au milieu de sa cité de pierre, de boue et de brouillard; celui qui, à la lecture des mélancoliques impressions produites par l'aspect de la mer ou des lacs, se sent brûler du désir de voyager pour connaître ces émotions; celui-là ne se doute pas qu'à quelques lieues de lui, ce département de Seine-et-

Oise, si riche, si opulent en paysages, en bois, en châteaux, en abbayes, renferme aussi des eaux étendues, vastes, profondes, limpides. Les touristes et les pérégrineurs ne manqueraient pas d'aller les visiter avec curiosité, si au lieu de se trouver enfermées dans les 26,000 arpens des bois de Rambouillet, elles étaient retenues seulement au centre de quelque bois chétif et maigre, mais décorées d'un nom suisse ou italien. Rambouillet est surtout remarquable par le nombre et la beauté de ses eaux. Plus de dix étangs font partie de ses dépendances, sans compter les vastes bassins en forme de trapèze, dont les cent arpens de surface baignent les jardins du parc et les partagent en plusieurs îles.

Les étangs de Saint-Hubert, de Pourras et de Hollande, qui se font suite les uns aux autres, occupent un espace de plus de deux lieues et quart sur une largeur de 200 pieds au moins. Cette étendue d'eau qui, pendant l'hiver, déborde comme un fleuve qui s'agite et se met en courroux sous l'action du vent comme une petite mer, est interrompue de loin en loin par des chaussées qui lient les deux rives.

La cercelle, le canard sauvage, le foulque, le héron,
jouissent là d'un petit monde dont ils possèdent tous
les trésors ; des compagnies d'hirondelles de mer,
des plongeons, établissent tour à tour leur domicile
au milieu des joncs touffus qui croissent sur les
marges de ces étangs.

À leur aspect on se sent saisi d'un voluptueux
frémissement, pour peu qu'on se reporte à ces temps
éloignés, lorsque toutes ces campagnes étaient peu-
plées d'abbayes, de manoirs et de châteaux, et que
le son du cor féodal, retentissant d'échos en échos,
venait s'éteindre et mourir sur ces bords silencieux
et solitaires.

L'équipage du Roi a passé. Il touche à la forêt de
Saint-Léger, il parcourt la longue avenue de Châ-
tillons. Il est une heure trois quarts, et le voilà
rendu au Poteau des deux Châteaux. De loin, on eût
pu pressentir l'approche de ce rendez-vous de la
chasse, par la multitude de curieux qui affluaient sur
le chemin.

A Rambouillet ce n'était pas comme dans les autres résidences royales; la curiosité publique, pour suivre les chasses, se manifestait avec plus de vivacité. Il est vrai de dire que le Roi ne chassait guère à Rambouillet que quatre à cinq fois par an; pour le Dauphin c'était différent, quand la vénerie y était, il venait régulièrement tous les cinq jours.

Le Roi est entouré.

Une fourmillière d'hommes et de femmes de tout rang, de toute condition, se meut autour de lui sur cette vaste salle tapissée de hauts arbres à la voûte épaisse. La lumière inonde tous ces visages; ils sont si rapprochés les uns des autres, la foule est si compacte, qu'on dirait, à les voir, un grand corps polycéphale.

Les rapports sont faits par les valets de limier.

D'abord ils indiquaient un cerf à sa quatrième tête, dans les bois de la Pommeraie.

Ensuite, un cerf dix-cors près des taillis de Villarceau.

Après, un daguet dans les bois de la Chamoise.

Enfin, un cerf dix-cors jeunement dans les environs du Poteau du chêne du Roi.

Vous vous rappelez le Poteau du chêne du Roi, là où pénétrait le valet de limier quand déjà les cerfs les plus atardés aux gagnages devaient être rentrés au bois, quand les fauvettes sifflaient sur les pommiers sauvages, que les pies agaçaient sur le sommet des frênes, et que des tiercelets étendant leurs ailes aiguës, planaient au-dessus des plus hautes futaies.

Le commandant de la vénerie a parcouru tous les différens rapports; il les a remis au premier veneur, qui lui-même en prend rapidement connaissance avant de les redire au Roi.

M. de Girardin, dont l'esprit est harcelé par de sombres inquiétudes, n'a qu'une pensée, celle du retour à Saint-Cloud. Il s'afflige de la tranquillité d'esprit, de la quiétude et de la conscience endormie de S. M. Ses prévisions lui disent que sa place, dans un tel jour, n'était point à Rambouillet; mais la confiance de S. M. est inébranlable.

Ainsi le navigateur inexpérimenté sur les grands lacs américains, il laisse dériver sa barque aux flots qui l'entraînent et à la brise qui enfle sa voile; il dort au murmure flatteur des vagues et ne s'éveille, mais trop tard, qu'au grondement de la cataracte qui l'emporte, le jette en bas et le brise.

Le premier veneur a parlé bas à l'oreille du commandant de la vénerie, alors M. de Hybouville; ses dernières paroles ont été :

—Il faut mener cette chasse à la diable.

Le Roi a entendu les rapports et il a désigné pour l'attaque le dix-cors des taillis de Villarceau. Mais sur quelques observations du premier veneur, S. M. a décidé que ce serait au Poteau du Chêne du Roi que le cerf serait lancé.

On s'y rend.

Les relais sont distribués, aussitôt les vieux chiens ont été découplés.

Ils mettent le nez à terre en entrant dans l'enceinte, ils flairent les branches, ils vont au vent, ils travaillent sans ardeur, et le piqueur croit pouvoir s'expliquer la mollesse de ses vieux chiens, car les voies sont mauvaises. Il n'est point découragé. Il les appelle de la voix et de la trompe, il les rallie et les excite.

Le commandant, qui a tâché de revoir de la bête, n'augure rien de bon de ce début, cependant l'attaque se continue.

On a entendu bondir un animal ; on a crié de prendre garde à la route.

Bientôt on voit des piqueurs sortir des massifs et traverser une route en rapprochant.

La bête avait vidé d'effroi et avait pris beaucoup d'avance.

Les chiens continuent de chasser froidement.

Une heure se passe en requêtes.

Cependant le Roi s'impatientait du retard incompréhensible que la chasse éprouvait. Il fallait qu'il y

20

eût une cause, elle ne tarda pas à se faire connaître.

« Les chiens ont pris la voie et se sont décidés à partir en poussant des cris.

« Enfin on a vû l'animal par corps ; ce n'était pas un cerf qu'ils avaient devant eux, mais une grande biche.

« Alors les piqueurs de claquer et de sonner aussitôt pour arrêter ; ils courent en avant, poussent de grands cris, les appels se répètent, se croisent et se mêlent. C'est à faire perdre la tête aux hommes, aux chiens, à faire percer l'enceinte aux plus vieux routiers.

Le Roi apprend ce qui se passe. Il a grand'peine à contenir sa mauvaise humeur. Il a demandé auprès de lui le valet de limier qui a fait le rapport, et dont la bévue, par parenthèse, servait si bien le dessein secret que le comte de Girardin avait eu, de couper court à la chasse.

— Comment lui dit le Roi?...

— Sire, j'ai pris une breane (brehaigne) pour une

quatrième tête; elle a un vrai pied de cerf et le revoir était bien mauvais ce matin. Le Roi s'y serait
trompé lui-même.

— Pourquoi n'avez-vous pas examiné les portées?

— Le Roi peut croire que je n'y ai pas manqué,
mais elles étaient plus que douteuses.

— Et la reposée?

— J'y ai passé plus d'une grande demi-heure, Sire,
le soleil a trop de force. Il n'y avait pas moyen de se
reconnaître ; mais il y a long-temps que j'ai prédit
qu'un pareil malheur nous arriverait avec cette
vilaine bête. On aurait dû la faire tuer plus tôt; si on
m'avait cru, je n'aurais pas l'humiliation d'avoir
interrompu la chasse du Roi. C'est un chagrin dont
je ne me consolerai pas.

—Girardin, dit le Roi, vous la ferez tuer par le
premier garde qui la rencontrera; je crois vraiment,
poursuivit Sa Majesté, à voix basse, que cette mesure sera prudente, messieurs les piqueurs ne plai-
santent pas sur le point d'honneur, et une seconde
bévue du même genre pourrait bien nous amener
quelque catastrophe à la Vatel.

—Tu seras plus heureux une autre fois, dit le Roi. C'est un très petit malheur, et je n'y pense plus.

Le veneur en fut quitte pour cette consolation, il salua le Roi, dont la bonté augmentait ses regrets, et se retira tout confus en maugréant contre le temps cause de son erreur.

—Allons à notre dix-cors du carrefour de Villarceau, dit le Roi.

M. de Girardin, qui avait toujours son idée de retour, fit observer qu'il était déjà quatre heures, et que le cerf gardé se trouvait à près de deux lieues.

— Eh bien! répliqua le Roi, nous avons tout le temps.

Les ordres sont transmis.

Pendant cette nouvelle marche les trompes en partie sonnent *la Rambouillet,* cette fanfare en *ré* majeur, dont les trilles et les cadences fréquentes attestent l'ancienne origine.

On est parti au pas.

Mais le cheval du Roi qui s'impatiente des lenteurs de la chasse, bat à la main, sollicite les rênes, mord son frein, se cadence sous lui-même, il hennit et met son naseau à l'air. Son cavalier a compris ce langage, il approche la jambe, en même temps il rend la main, le cheval a pressenti le talon et il s'est élancé. Le signal est donné. Toute la suite est sur les traces du Roi; cette allée, si pleine à l'instant même, où les cavaliers en passant rasaient les branches d'arbres et se touchaient les uns les autres, la voilà balayée et vide. Est-ce un rêve? Tout a disparu. Plus rien, si ce n'est là-bas à l'extrémité de l'avenue un nuage blanc de poussière qui ferme la perspective.

Arrivé au coin de la nouvelle enceinte des bosquets de Villarceau, on place les chiens aux quatre angles de l'enceinte pour qu'ils voient sortir le cerf.

Lechallier et Latrace vont aux brisées avec leurs limiers. L'un d'eux entre dans la coulée, tourne son cheval du côté où il a remarqué que le cerf avait la tête tournée en se rembûchant.

Les vieux chiens ont été découplés, ils s'agitent et balancent leurs fouets, ils chassent aussitôt sans que la voix ou la trompe les encourage, nonobstant la dureté et la sécheresse du terrain.

Au cout, au cout, leur disent les piqueurs.

On sonne la royale.

Tayau !

Le cerf s'est enfoncé dans le fourré.

Les chiens partent de fougue et à grands bruits de voix.

Voilà qui s'engage très bien, fit observer le Roi.

Cette fois on est sûr que l'animal sera mené et n'échappera pas aux relais.

Les spectateurs à pied prennent le chemin des étangs, le cerf ne manquera pas de s'y montrer.

Les cavaliers se répandent dans toutes les directions, ils obéissent à leurs pressentimens, et se dirigent sur les points où ils jugent que la chasse passera.

Au clos Renard, on a vu le cerf. D'un bond il a franchi la route.

Il va la tête haute, il ne souffle pas ; une noble confiance en sa vigueur se lit dans ses allures, il mettra ses ennemis à bout de voie, et, préparé à lutter long-temps, il ménage ses forces dès le début.

A quelques secondes de là, la meute, avec ses abois aigus, rauques et glapissans, passe aussi ; quelques chiens vont de conserve, quelques autres se dessinent en grappes, d'autres sont égrainés et courent moins rapides.

Un moment après passent des cavaliers et des piqueurs avec leur habit bleu et la trompe en sautoir.

Ils s'arrêtent et sonnent.

Le Roi passe à son tour.

Passe monseigneur le Dauphin. Il monte *Coronate*. La chasse les porte vers la vallée aux eaux.

Dans ce canton les arbres sont plus grands ; ils s'élancent hors de terre, plus vivaces et plus forts ; mais, sur la lisière du bois que longe Sa Majesté, un de ces

arbres est tombé, son tronc gigantesque a été rompu
à sa racine, ses déchirures inégales se dressent comme
des dards.

C'est un aspect imposant et solennel que celui des
vastes bois, quand les regards peuvent furéter au
loin sous leurs massifs d'ombre. C'est beau comme
tout ce qui est grand; mais en même temps savez-
vous quelque chose de plus mélancolique que la vue
d'un de ces arbres géants, quand l'orage ou la tempête les brise et les renverse sur le sol? c'est que ce
spectacle éveille en nous, à notre insu, le sentiment
moral d'une grande infortune, c'est l'image de la
grandeur déchue.

La coignée du bûcheron frappe un arbrisseau; il
tombe, et c'est à peine si l'on s'aperçoit que la place
qu'il occupait est vide. Ce n'est pas ainsi que disparaissent les hauts arbres, nobles majestés des forêts;
l'écho retentit long-temps des coups de la hache qui
les attaque, et quand, sous des efforts réitérés, ils
cèdent, c'est avec un immense fracas.

À côté de cet arbre montaient d'autres arbres;
ceux-là n'ont pas été atteints : ils sont restés debout,

peut-être même parce qu'ils étaient protégés par les vastes rameaux de celui qui n'est plus, et Charles X, malgré lui, se sent le cœur serré et froissé.

Ainsi donc, se disait-il, voilà la destinée de tout ce qui est grand! « Les plus hauts arbres sont les plus tourmentés par les vents; les hautes tours, celles qui s'écroulent avec le plus d'éclat, et c'est sur les plus hautes montagnes que tombe la foudre! »

Et le Roi a porté sa main sur son front, des larmes avaient mouillé ses yeux. Ces paroles avaient évoqué des souvenirs chers et douloureux; il les avait répétées souvent dans sa jeunesse, en expliquant ces vers d'Horace avec ses frères; Louis XVI les lisait au Temple le jour même où le couteau révolutionnaire se dressait pour lui (1).

Quelques gentilshommes de la suite ont rejoint le Roi, dont le front s'est rasséréné aussitôt. Ils annoncent que le cerf a fait un retour, qu'il a d'abord gagné la mare Gauthier, et maintenant qu'il appuie du côté des étangs de Hollande.

(1) *Rectius vives, Licini, neque altum.*
ODE VII, LIV. 2.

Le Roi part au galop.

Il est rendu.

Le cerf ne s'était pas fait voir, mais les chaussées et les bords de ces étangs étaient garnis de curieux.

Au lieu de l'animal qu'il poursuivait, le Roi trouve une fête improvisée.

J'ai dit, ailleurs, que c'étaient des jours de fête ceux où il chassait. A Rambouillet, cette observation était d'une exactitude rigoureuse. Souvent plus de deux mille personnes se trouvaient rassemblées sur un seul point de la forêt.

Il est un souvenir de ce genre qui est resté gravé dans la mémoire de tous les habitans de cette ville. Interrogez qui vous voudrez ; le rentier, cet être végétal qui passe sa vie au milieu des chênes et des ormes, le commis de l'enregistrement ou de la sous-préfecture, le notaire et l'avoué célibataires qui vont s'asseoir à la table-d'hôte du Lion-d'Or ; interrogez encore le paysan qui trace des sillons dans la plaine, la petite fille qui garde ses troupeaux, tous vous parleront de la chasse, la seule que le roi Louis XVIII ait faite à Rambouillet. Oh! pour le coup, ce jour-là, ce ne fut pas une curiosité ordinaire. Les boutiques, on les ferma, les affaires chômèrent. La petite ville, avec ses administrés et ses administrateurs, contient deux mille et quelques cents ames; on eût dit qu'il y avait multiplication subite, car il s'en trouva cinq mille à l'étang de la Tour, le lieu du rendez-vous. Les environs avaient fourni ce surplus. Des restaurateurs improvisés, des hôtelleries en plein vent, des salles de bal, des cafés, des orchestres en grand nombre y étaient établis, et cette chasse, préparée avec une grande magnificence par la vénerie, fut encore rehaussée par l'éclat et l'élégance de la foule. A la vérité, elle n'avait pas un vain désir de spectacle à satisfaire, mais une dette à acquitter par ses acclamations envers le prince, à qui le pays devait la charte et toutes ses libertés.

Carle Vernet fut chargé de faire un tableau dont un épisode de cette chasse était le sujet.

Écoutez ces quelques lignes :

La veille du jour fixé pour la chasse le duc de

Berry parcourait la forêt. Il était seul. Au fond d'un canton solitaire il rencontre deux hommes qui cherchaient à se dérober à tous les regards. La première pensée que leur contenance pouvait éveiller, c'était celle d'un projet de crime. Le prince les aborde toutefois et les interroge. Leurs réponses incertaines et évasives accroissent ses soupçons. Son insistance devient plus grande, mais il met tant de douceur et de bonté dans ses questions, que ces hommes finissent par avouer qu'ils étaient déserteurs. Après quelques nouvelles explications qui ne lui permirent pas de douter de leur repentir, il les engagea de recourir à la clémence royale.—Trouvez-vous demain à l'étang de la Tour, leur dit-il, je parlerai pour vous; en attendant retournez à la ville. En même temps il les munit de quelque argent.

Le lendemain, au milieu du monde qui occupait le rendez-vous de chasse, et au moment où de nouveaux relais allaient être attelés, on vit le prince fendre la foule pour arriver jusqu'au Roi, entraînant avec lui deux jeunes gens dont il fortifiait le courage par des paroles de bienveillance. En quelques mots, où se peignirent tout à la fois l'énergie de son âme,

la conviction qu'il avait de la clémence royale, il se
porta caution du repentir sincère des coupables et
de leur future fidélité aux drapeaux. L'assistance
écoutait avec émotion ; on avait peine à contenir ses
applaudissemens ; mais on attendait pour les laisser
éclater que le Roi eût prononcé. Ému lui-même,
Louis XVIII n'hésita pas dans sa clémence, et ac-
corda la grâce qui lui est demandée.

Le moment que le peintre a choisi est celui où le
Roi embrasse le généreux protecteur et présente la
main à ses heureux cliens. La foule qui environne
ces principales figures, et qui partage avec le paysage
le fond du tableau, s'émeut et pousse des acclamations. Il semble que les feuilles des arbres en soient
agitées ; on les voit frémir, et dans leur mouvement
trembleur se jouer avec les rayons du soleil qui darde
d'aplomb sur elles.

Un tableau plus riant s'offrit à Charles X au moment
où il arriva à la tête des étangs de Hollande.

Il salua tout le monde, et dit gracieusement aux
dames qu'il craignait pour elles la perte de leur
curiosité, car la chasse allait mal.

Le Roi et sa suite se sont approchés du bord des étangs.

Ce lieu était celui que M. le premier veneur avait choisi pour l'établissement des chasses d'hiver. Il s'occupait alors d'un vaste et beau système à ce sujet, et le Roi, avant de s'éloigner, manifesta le désir d'en connaître quelques détails.

— Ce plan est fort à mon gré, dit-il après qu'il en eut très attentivement écouté l'exposé, et je ne vois aucun inconvénient à ce que son exécution soit immédiate. Les ouvriers y trouveront leur compte.

Sa Majesté n'avait pas achevé que la trompe fit entendre un nouveau signal. Le cerf se portait du côté de la croix de Vilpert.

Le Roi prit congé des personnes qui l'environnaient, avec cette aisance de belles manières qui rehausse et donne tant de prix aux bonnes actions. Des cris de vive le Roi l'accompagnent pendant quelques instans, non de ces cris enroués du peuple qui hurle pour crier, mais des acclamations d'enthousiasme, intelligentes, poussées par des voix pures et douces; elles ont retenti jusqu'au fond du cœur de Charles X comme une suave et touchante harmonie. C'était un chant, un hymne d'adieu.

Le Roi chemine. Il a fait signe à son premier veneur, au capitaine des gardes et au duc de Polignac d'approcher ; ils marchent de conserve. Quelques autres cavaliers se tiennent derrière. Au ton d'intimité qu'avait pris cet entretien dès le début, à l'intérêt que Charles X paraissait y attacher, tous ont compris que leurs oreilles discrètes ne devaient entendre que furtivement. Ils ont progressivement ralenti le pas de leurs chevaux.

A la croix de Vilpert, M. de Girardin s'écarta un instant pour observer et donner des ordres ; puis il revint à Sa Majesté.

— Où en est la chasse ? Le cerf a-t-il pris un parti ?

— Non, Sire ; mais les chiens sont fatigués et chassent très mal.

— C'est jouer de malheur; nous ne ferons donc rien aujourd'hui?

— Je le crains.

Le Roi fit un geste qui indiquait une légère contrariété.

Un moment après.

—A propos, Girardin, vous voyez que tout va bien là-bas, puisque nous ne recevons pas de nouvelle.

—Pas de nouvelle ici, je n'en suis pas surpris; mais j'aurai l'honneur de faire observer au Roi qu'il n'est à Rambouillet que depuis trois heures. Je pense qu'à Saint-Cloud il en saurait davantage.

Le ton avec lequel ces derniers mots furent dits, produisit un rapide ébranlement dans la profonde quiétude de l'esprit de Charles X.

—Eh bien! Monsieur, puisque cela vous arrange tant, répondit-il, nous allons rentrer à Rambouillet, afin de partir pour Saint-Cloud plus tôt que de coutume.

Le Roi descendit de cheval; mais avant de monter dans sa voiture, qui stationnait en l'attendant à la croix de Vilpert, il voulut visiter des remises destinées à recevoir ses équipages et qui étaient alors en construction.

Un paysan, profitant de la liberté qui régnait toujours aux chasses, s'approcha si près du Roi, qu'il le heurta et contraignit Sa Majesté à dévier un peu de son chemin. Charles X, peut-être un peu contrarié du mauvais résultat que donnait la chasse, ou plutôt préoccupé des craintes qu'il commençait à lire sur le visage de tous ceux qui l'accompagnaient, ne fut pas maître de réprimer un mouvement d'impatience.

— Faites retirer cet homme, dit-il avec vivacité.

L'homme aussitôt fut renvoyé. Peu d'instans après, le Roi se reprocha sa mauvaise humeur et le fit appeler pour le dédommager de cette brusquerie par quelque libéralité. Il avait disparu. Mais, silence, cet homme s'est bien vengé du Roi : six jours après il était au nombre de ceux qui marchaient armés sur Rambouillet!

La chasse continuait à mal aller; le cerf se faisait battre dans les environs du Chêne de Montavel. Le Roi envoya dire à M. le Dauphin qu'il se retirait, en même temps qu'il autorisait la vénerie à continuer la poursuite de l'animal, puis il monta en voiture, et son équipage disparut dans la route de Gazeran.

Le trajet de la croix de Vilpert au château fut parcouru en peu d'instans et dans le plus grand silence. Le Roi ne parla point. On entendait de temps en temps le bruit lointain et mélancolique des trompes de la vénerie qui chassait encore le cerf.

Au moment où l'équipage entrait dans la cour, cette vieille construction avec sa bigarrure et son irrégularité d'aspect, avec sa grosse tour crénelée, cette chaîne de pierre qui lie le moyen-âge au dix-neuvième siècle, apparaissait à l'extrémité de l'avenue de Paris calme et triste, malgré la présence du bruyant cortége du Roi. C'est que le jour commençait à décliner, et rien ne s'harmonie mieux avec les produits de cette vieille architecture que l'indécision des demi-teintes.

En descendant de sa voiture, arrêtée au pied de la grosse tour crénelée, Charles X, après avoir contemplé ces vestiges du vieux manoir de sire Jacques Dangennes, dit d'un ton qui ne lui était pas familier :

—Notre aïeul François Ier est mort ici, après une chasse à courre, et moi sans doute je suis destiné à finir comme lui...

En attendant l'heure du dîner, le Roi passa quelques instans dans le petit salon attenant à la salle à manger. Tandis que Sa Majesté, qui cherchait évidemment à se soustraire au poids de ses réflexions, assistait à une partie de billard, le Dauphin s'amusait à indiquer, sur une immense carte de la forêt de Rambouillet, l'itinéraire qu'avait suivi le cerf.—

Le dîner fut triste, presque morne.

A son lever de table, le Roi, toujours de plus en plus taciturne, aborda le premier veneur, qui parais-

sait lui-même fort absorbé dans ses idées. Ils passè-
rent sur le balcon, dont la longue ligne anfractueuse
dessine le périmètre du château.

Tous deux restèrent silencieux.

— Girardin, dit enfin le Roi, ces ordonnances
vous préoccupent donc bien?

— Il est vrai, Sire.

— Mais qu'y avait-il à faire, à votre avis?

— Travailler avant toute chose, Sire, à la restauration de la France. Vous avez une tâche à rem-
plir qui rentre dans le vœu de la nation et dans celui
d'un de vos plus glorieux ancêtres : faire recouvrer à
la France ses limites, qui sont le Rhin et la mer, les
Alpes et les Pyrénées.

— C'est aussi mon vœu le plus ardent, croyez-le
bien. Cette grande et utile direction à donner à la
politique de mon gouvernement, je ne l'abandonne-
rai jamais, car je sens que la Restauration a sa force
comparative à conquérir et son influence à reprendre.

J'y songe sans cesse ; mais, Girardin, comment y parvenir ?

— Deux systèmes se présentent : celui d'une alliance avec l'Angleterre, l'autre d'une alliance continentale. Pour que le premier fût possible, il faudrait que la puissance anglaise consentît à ce que tous ses comptoirs nous fussent communs, que nos relations fussent les mêmes, nos traités de commerce semblables. Est-il raisonnable de l'espérer ?

— Ainsi mon gouvernement aurait tort de s'appuyer de ce côté ?

— Ce serait condamner la France à jouer un rôle secondaire dans l'équilibre du monde ; ce serait la maintenir dans la nécessité de tenir son armée sur le pied le plus élevé, et par conséquent d'accroître ses dépenses.

— Et l'autre système, demanda le Roi qui écoutait fort attentivement, en quoi consiste-t-il ?

— Dans la réunion des intérêts des puissances

continentales à ceux de la France. Il est aisé de voir
que jusqu'ici c'est le continent tout entier qui était
armé par l'Angleterre contre la France ; que c'est le
continent qu'il nous a fallu rassurer, et que nous
ne pouvons rassurer que par des intérêts communs. Jamais il ne contestera la force de la
France, quand celle-ci rentrera dans des intérêts
de même nature : c'est donc là que doit être tout le
but de la politique de votre royaume. N'attendez pas
que l'Angleterre concoure au développement de nos
richesses, car ce développement entraînerait la diminution des siennes. Il lui faut, comme condition
d'existence, que les autres peuples du monde soient
toujours en état d'hostilité. Le secret de cette politique changeante, qui porte tour à tour et dans des
circonstances identiques, ses armes, son alliance ou
sa neutralité, sur tous les points du globe, est là tout
entier. Inspirer des défiances réciproques aux nations,
faire éclater des guerres qui, en paralysant leur industrie et dévorant leurs trésors, ouvrent des débou-
chés à ses fabriques et à ses produits, voilà la force
dont l'Angleterre sait user, voilà cette science qui
établit sa domination. Quand le Roi le voudra, il plan-

tera ses drapeaux sur l'Hôtel-de-Ville de Bruxelles et sur la citadelle d'Anvers.

— En même temps n'est-il pas vrai que l'Autriche s'étendrait en Italie, et que la Russie s'établirait sur le Bosphore?

— Et le grand mal, Sire, lorsque pour compensation l'Angleterre serait bannie de la Méditerranée?

— C'est le système de Catherine II.

—Exactement; lequel se résume en peu de mots : des intérêts semblables marchant au même but par des influences directes sur l'accroissement des richesses nationales.

— Quelle foi avez-vous dans le concours que prêterait la Russie à une pareille combinaison?

— Mais, Sire, depuis bientôt un siècle cette alliance nous est offerte par le Nord, et nous ne savons point en profiter. Dernièrement encore votre ambassadeur n'a-t-il pas été accueilli à la cour de Saint-Pétersbourg par ces mots : « Eh bien ! quand venez-vous donc à nous (1)? » Je me persuade que le ministère qui se serait montré préoccupé des moyens d'arriver à l'application de ces idées, aurait mieux compris les exigences de notre époque, qu'en s'appliquant, par sa tendance et par ses actes, à contester à la nation les conquêtes qu'elle a faites sur l'ancien régime.

— Qu'entendez-vous par là ?

— Sire, pardonnez-le moi, mais j'entends que les intérêts monarchiques ont trop exclusivement parlé dans l'esprit de vos ministres. Ils ne comprennent pas qu'avant tout, il faut être l'homme de son temps. Oui, Sire, à tort ou à raison, les idées vieillissent et se modifient. Pour être l'homme de son pays, il faut être l'homme de son temps.

— J'en conviens ; mais croyez bien cependant, Gi-

(1) Le prince de Volkonsky, assistant au sacre de Charles X, avait pour mission d'amener la France à cette alliance. — Je vois, disait-il un jour, que la France est fort bien disposée pour l'Angleterre, son ancienne ennemie ; je doute que cela soit conforme à ses intérêts.

rardin, que pour cette époque comme pour toutes les époques, la fermeté chez un Roi est une vertu.

— Autrefois, Sire, peut-être, maintenant cela s'appelle une tendance arbitraire. Il y a deux nécessités aujourd'hui : comprendre *les légales insurrections des Chambres* et perdre *l'illusion des fidèles sujets;* en France, autrement il pourrait en résulter de fâcheux malentendus entre le Roi et le peuple.

Pendant les dernières paroles de cet entretien, les regards rêveurs du Roi étaient allés involontairement s'arrêter sur la pointe de l'île des Roches, où s'élève un petit kiosque. C'était le lieu favori de Napoléon ; il y venait souvent agiter et débattre les questions de sa politique secrète. Non loin de là, est une grande pierre plate, le banc de l'empereur. Dans cet endroit, dit-on, il avait déployé les cartes géographiques du Nord, sur lesquelles, par une fatale inspiration, il avait tracé le plan de la grande et à jamais déplorable campagne de Russie. Ce fut aussi à Rambouillet que, le 25 juin 1815, après la néfaste bataille de Waterloo, Napoléon, qui se rendait à

Rochefort, s'arrêta une nuit ; il y déposa en quelque sorte tous les triomphes qui avaient marqué les phases de sa vie.

Ces souvenirs, aussi bien que les objets qui frappaient la vue du Roi, semblèrent avoir jeter un sombre crêpe sur son âme. Il est vrai que tout autour de lui contribuait à creuser ses tristes impressions. Tous ces riens d'une soirée d'été qui commence, ces insectes qui bruissent, ces fils de la vierge qui descendent du ciel en spirales déliées, ces voix de ramiers, sourdes et confuses, cachées sous le feuillage de ces arbres d'un vert si foncé aux approches de la nuit ; toutes ces choses, pleines d'une poésie si triste, agissaient sur l'âme du Roi et l'ouvraient à de pénibles pensées.

On vint l'enlever à la rêveuse disposition de son esprit, en lui annonçant que tout était prêt pour le retour.

Au lieu de repartir seul, selon sa coutume, on remarqua, et ce fut même un sujet d'étonnement, que Sa Majesté se faisait accompagner cette fois par monseigneur le Dauphin.

Ils étaient sur les degrés du perron.

Tout à coup on aperçut un courrier lancé, surgissant des profondeurs de la grande avenue à franc étrier.

Charles X s'arrêta court.

En un instant le courrier était aux pieds du Roi.

Tous les regards s'interrogèrent douloureusement.

Le courrier balbutia quelques paroles. Il apportait des nouvelles de Paris : 26 juillet 1830, cinq heures de l'après-midi.

FIN.

RÉGLEMENT

RELATIF AU SERVICE DU GRAND-VENEUR.

En 1814, le Roi Louis XVIII décida qu'il serait conservé tout le fauve nécessaire pour un équipage de cerf, et qu'il serait établi dans les six conservations de la couronne, des chasses de hourail-lemens et soixante grands tirés, avec tous les bâtimens nécessaires. Le service du grand-veneur fut en conséquence organisé ainsi qu'il suit :

L'équipage du cerf se composa de cinq officiers, soixante-douze employés ou gagistes, quatre-vingt-dix chevaux et cent cinquante chiens. Les chasses de cet équipage, en raison du sol des forêts, de leur étendue et du fauve qu'elles peuvent supporter, avaient lieu, à quelques changemens près, dans l'ordre suivant, savoir :

Dans la résidence de Saint-Germain pendant les mois de janvier, février et mars ;

Dans celle de Versailles en avril ;

Dans celle de Rambouillet en mai, juin et juillet ;

Dans celle de Compiègne en août et septembre ;

Dans celle de Paris en octobre ;

Dans celle de Fontainebleau en novembre et décembre.

Les chasses de houraillemens sont celles où le Roi tire de grands animaux de toute espèce, soit en battues, soit dans des toiles ou dans des parquets. Elles avaient lieu tantôt à Compiègne et tantôt à Marly.

Les chasses à tir se divisent en tirés de plaine, en tirés de bois et en tirés d'eau.

Les tirés de plaine ou de bois ont été fixés à trente-six, au lieu de soixante, savoir :

4 Dans la conservation de Paris ;

8 Dans celle de Versailles ;

8 Dans celle de Saint-Germain ;

4 Dans celle de Rambouillet ;

4 Dans celle de Fontainebleau ;

8 Dans celle de Compiègne.

Elles avaient lieu toute l'année.

Les tirés d'eau sont au nombre de quatre, savoir : deux sur les étangs de Saclé et de Saint-Quentin, et deux sur les étangs de Saint-Hubert. Mais ils avaient été suspendus jusqu'à ce que les niveaux des étangs de Versailles et de Rambouillet eussent été déterminés.

Il y avait pour les chasses à tir un équipage particulier commandé par le porte-arquebuse. Il se composait de douze employés ou gagistes, de treize chevaux et de six chiens d'arrêt.

Cet équipage avait, dans les vèneries des diverses résidences, un local séparé.

————

La vènerie est tout ce qui a rapport aux chasses à courre et à tir dans les bois et forêts du domaine de la couronne et dans les forêts de l'Etat.

Le grand-veneur et les officiers de son service prêtent serment entre les mains du Roi (1).

FONCTIONS.

Le grand-veneur reçoit directement les ordres du Roi pour ses chasses à courre et à tir. Il accompagne toujours le Roi à la chasse, pendant laquelle il court devant lui. Il prévient le grand-écuyer et les chefs de service en ce qui les concerne.

Le grand-veneur, arrivé au rendez-vous de chasse, fait le rapport au Roi. Quand Sa Majesté a décidé quel animal elle veut chasser, il la conduit à la brisée et prend ses ordres pour attaquer. Quand l'animal est pris, il met pied à terre et présente le pied droit à Sa Majesté. A l'exception des veneurs, personne n'a le droit de crier *taïau* sans son autorisation.

(1) La charge de grand veneur étant réservée à Monsieur le Dauphin, c'était le premier veneur qui en remplissait toutes les fonctions.

Quand le Roi chasse le sanglier, le grand-veneur présente à Sa Majesté une lance pour le tuer. Aucune des personnes qui sont à la chasse ne peut prendre de lance sans son ordre. Les personnes admises à l'honneur de suivre les chasses du Roi, se font inscrire chez le grand-veneur, qui prend ensuite les ordres de Sa Majesté.

ATTRIBUTIONS.

Le grand-veneur travaille avec le Roi pour tout ce qui est relatif à son département, et lui soumet ses propositions pour les nominations ou les révocations des places. Tout ce qui est relatif aux coupes, aux plantations, à la réparation et au percement des routes qui sont dans les attributions du ministre de la maison du Roi, est préalablement communiqué au grand-veneur. Il désigne les forêts des domaines de l'Etat dont la chasse peut être mise en réserve pour les plaisirs du Roi. Il est logé par la couronne, et se sert, pour le service, des gens et chevaux de la vénerie. Il est suivi d'un piqueur de la vénerie. Il donne des brevets d'ouvrier pour son service. Il a les armes de la chasse du Roi. Il a la distribution des logemens dans les bâtimens affectés, dans les résidences royales, au service de la vénerie. Les portiers de ces maisons dépendent de ses attributions. Il veille à l'entretien et à l'ameublement des rendez-vous de chasse. Pour cela, il fait les demandes nécessaires au ministre de la maison du Roi. Il nomme les concierges de ces rendez-vous. Il donne l'autorisation de porter l'habit des chasses. Lui seul donne les permissions de chasse dans les bois, forêts et domaines de l'Etat. Les conservateurs, inspecteurs, sous-inspecteurs et gardes-forestiers reçoivent les ordres du grand-veneur pour tout ce qui a rapport à la surveillance et à la police des chasses. Il fait prendre dans les forêts de l'Etat les cerfs, biches, faons et autres animaux qu'il juge nécessaires pour repeupler les forêts de la couronne et celles du domaine de l'Etat dont la chasse est mise en réserve. La louve-

terie est dans les attributs du grand-veneur. Il a le droit de donner des commissions honorifiques de lieutenant de louveterie,
dont il détermine le nombre par conservation forestière et par
département, dans la proportion des bois qui s'y trouvent et des
loups qui les fréquentent. Les commissions sont renouvelées tous
les ans. Les dispositions qui peuvent être faites par suite des
différens arrêtés pris concernant les animaux nuisibles, appar-
tiennent à ses attributions. Il ordonne, dirige et surveille les différentes parties du service dont il est chargé. Les officiers de son
département sont sous son autorité. Il présente au Roi les nominations aux places ci-après, savoir :

Chasse à courre.

A celle de commandant de vénerie ;
A celle de lieutenant de vénerie.

Chasse à tir.

A celle de commandant des chasses à tir ;
A celle de lieutenant des chasses à tir.

Il nomme directement le porte-arquebuse du Roi, l'aide porte-
arquebuse et le secrétaire-général de la vénerie, après avoir soumis leur nomination au Roi. Il présente au Roi les nominations
des conservateurs et inspecteurs des six capitaineries. Il nomme
directement les gardes-généraux, gardes à cheval et gardes particuliers, après en avoir présenté l'état au Roi. Il leur expédie
des brevets qui sont signés par le ministre de la maison du Roi.
Il reçoit le serment des agens qu'il nomme et brevète, ainsi que
des maîtres-ouvriers et autres gens à gages ou travaillant pour le
service de la vénerie.

Il présente au Roi les officiers et employés supérieurs de son
département, lorsqu'ils sont nommés par Sa Majesté.

Il a la police de tous les employés et gens à gages de son département, pour ce qui est relatif au service de la vénerie. Il a une place dans la voiture de Sa Majesté. Aucune dépense ne peut être allouée, si elle n'est préalablement approuvée par lui : sans cette formalité, elle restera à la charge de celui qui l'aura ordonnée.

Il arrête tous les comptes qui doivent être ordonnancés par le ministre de la maison du Roi sur le chapitre du budget du grand-veneur. Il vise l'état de présence des gardes et des portiers.

**FONCTIONS ET ATTRIBUTIONS DES EMPLOYÉS SUPÉRIEURS
DE LA VÉNERIE.**

Commandant de la Vénerie.

Il commande la vénerie, y compris le vautrait, les lévriers et l'équipage des toiles.

Il est chargé de la surveillance des équipages, tant pour le personnel que pour le matériel, ainsi que des chevaux et des chiens.

En cas d'absence du grand-veneur, il prend les ordres du Roi pour les chasses à courre qu'il dirige.

Il a pour son service le nombre de chevaux et de voitures désigné dans le budget.

Lieutenans de la Vénerie.

Ils sont aux ordres du commandant de la vénerie, le secondent dans ses fonctions et le remplacent en cas d'absence.

Pages de la Vénerie.

Ils sont également aux ordres du commandant de la vénerie et prennent rang immédiatement après les lieutenans.

Capitaine commandant les Chasses à tir.

Il réside près le grand-veneur et le remplace en cas d'absence.

Il est chargé de tous les détails de l'administration du service du grand-veneur.

Quand le Roi doit chasser, les ordres sont adressés au secrétariat-général de la vénerie pour être transmis, pour les chasses à courre, au commandant de la vénerie, et pour les chasses à tir, au commandant des chasses à tir.

En cas d'absence du grand-veneur, il prend directement les ordres du Roi pour les chasses à tir qu'il dirige.

Il a pour son service le nombre de chevaux et de voitures désigné dans le budget.

Tout ce qui a rapport à la conservation des chasses et du gibier est sous sa surveillance. Il donne des ordres aux capitaines-forestiers, gardes-forestiers, et pour les chasses à tir.

Porte-arquebuse.

Le porte-arquebuse est porté sur l'état de la chambre pour ses appointemens seulement.

Il est sous les ordres du commandant des chasses à tir, qui le prévient quand le Roi et les princes doivent tirer.

Il est chargé de garder et d'entretenir les fusils de chasse du Roi, ainsi que les chiens couchans.

A la chasse, il charge les armes de Sa Majesté.

Secrétaire-général de la Vénerie.

Il est nommé par le grand-veneur, qui soumet sa nomination au Roi. Il prête serment entre les mains du grand-veneur.

Il est le point central de la comptabilité. Il veille à ce que les formes exigées soient remplies.

Il transmet les ordres du grand-veneur aux capitaines-forestiers, sous la surveillance directe du commandant des chasses à tir.

Il contresigne les brevets et commissions délivrés par le grand-veneur, ainsi que les permissions de chasse.

NOTE

Sur les motifs qui ont déterminé la réunion de toutes les chasses dans les capitaineries du Roi sous l'autorité du grand-veneur.

En 1769, toutes les forêts et tous les bois qui n'appartenaient point, soit à des particuliers, soit à des communautés religieuses, soit à des communautés d'habitans, étaient réputés bois du Roi, et étaient même distingués dans tout le royaume par cette dénomination, parce qu'à cette époque le Roi disposait des revenus en produits généraux, et que toutes les administrations étaient exercées en son nom, comme seul possesseur et propriétaire.

Une distinction avait cependant été établie entre les bois du Roi, qui formaient une dépendance des châteaux qui étaient les chefs-lieux des capitaineries destinées à assurer les plaisirs de la chasse au Roi et à la famille royale.

Tout ce qui était relatif aux chasses dans les bois du domaine de l'Etat était dans les attributions du grand-veneur, et tout ce qui était relatif à l'administration des coupes, était dans les attributions du grand-maître des eaux et forêts.

Dans les bois du Roi considérés comme dépendances des châteaux de plaisance, ce qui était relatif aux chasses était confié à des gouverneurs nommés par le Roi, rendant compte de leur service directement au Roi, et ayant le titre de gouverneurs et capitaines des chasses des villes, châteaux, parcs et dépendances, etc.

Ces gouverneurs n'avaient aucun compte à rendre au grand-veneur; ils exerçaient leurs fonctions dans toutes les forêts com-
prises dans l'étendue des diverses capitaineries; ils avaient aussi
dans leurs attributions l'administration des domaines qui étaient
considérés comme domaines privés du Roi.

L'administration de ces derniers bois était aussi dans les attributions des grands-maîtres des eaux-et-forêts.

Le grand-maître de Paris et de l'Ile-de-France administrait
tous ces bois, à l'exception de la forêt de Compiègne, qui était
administrée par le grand-maître du Soissonnais.

Ces derniers bois n'étaient pas, comme les premiers, soumis à
un aménagement régulier; les coupes qui s'y faisaient étaient
préalablement, et pour cinq années consécutives, soumises à l'approbation du conseil du Roi, sur la proposition du grand-maître,
qui se concertait à cet égard avec les officiers des chasses, de manière à ne rien déranger dans l'ordre établi pour les plaisirs du
Roi.

En 1804, il fut jugé convenable de donner la préférence aux
dispositions qui devaient concourir à porter le produit des forêts
de la couronne au taux le plus élevé. Par suite de ces dispositions,
tout ce qui concernait les chasses ne fut considéré que comme
secondaire. Les gouverneurs capitaines des chasses ne furent pas
rétablis, et le grand-veneur exerça, en ce qui concerne les chasses, la plénitude de ses fonctions dans les forêts de la couronne
comme dans les forêts de l'Etat. Les forêts de la couronne, en ce
qui concernait le produit des coupes, furent confiées à une administration particulière, et une autre administration, bien plus considérable, fut chargée des forêts de l'Etat.

Les domaines de la couronne furent également régis par une
administration particulière.

Ces diverses administrations furent organisées avec économie,
et ces nouvelles dispositions produisirent l'effet qu'on devait en
attendre. Les produits des forêts s'élevèrent progressivement à
des sommes considérables, et les dépenses, comparées avec celles
qui avaient lieu avant la révolution, éprouvèrent une diminution

sensible. Il résulte de ces observations, que l'administration des chasses du Roi ne peut être séparée des forêts et domaines, attendu que ce n'est que par la plus parfaite harmonie entre les intérêts de Sa Majesté et ses plaisirs, que l'on peut éviter les inconvéniens qui avaient lieu autrefois. Il est facile de les juger par l'exposé ci-après.

Les forêts du Roi, à l'époque où leur administration était soumise à des grands-maîtres des eaux-et-forêts, ne rapportaient que .... 800,000 fr.

Ces mêmes forêts rendent aujourd'hui (1) 3,000,000

Différence en plus, ... 2,200,000

Les domaines du Roi dans l'intérieur des parcs, tels que Versailles et Rambouillet, n'étaient comptés pour presque rien, tandis qu'aujourd'hui ils sont d'un revenu équivalant à la valeur des terres.

Les chasses du Roi, en y comprenant la vénerie, les inspecteurs et gardes particuliers pour les chasses, les bailliages de Varennes, du Louvre, de Meudon, etc., coûtaient au moins .... 2,000 000 fr.

Celles d'aujourd'hui coûtent seulement :

Pour chasses à tir, ... 20,000 fr.

Pour chasses à courre et les traitemens des divers employés, ... 380,000 400,000

Différence en moins, ... 1,600,000

Les deux sommes réunies des forêts et des chasses présentent déjà un excédant de 3,800,000 fr. à l'avantage de l'administration actuelle.

Si, par suite, et par changement de système, MM. les gouverneurs étaient chargés des capitaineries du Roi; s'ils n'en étaient point administrateurs et conservateurs, il faudrait nécessaire-

____

(1) Le chiffre a changé depuis, il est encore plus elevé.

ment, pour avoir du gibier, étendre les capitaineries sur les domaines des particuliers, et la valeur de leurs terres tomberait
alors dans la proportion de un à cinq, c'est-à-dire qu'un arpent
produirait cinq francs au lieu de trente. La même conséquence
existe pour le capital.

Ainsi, en faisant ce rapprochement pour vingt lieues carrées,
qui étaient l'étendue des anciennes capitaineries, ce fonds de
propriété diminuerait de douze millions.

" Une des grandes causes de la révolution a puisé sa source dans
les abus administratifs. On doit donc faire pressentir tous ceux
que l'on pourrait craindre, si les mêmes principes en administration étaient rétablis.

A ces considérations il faut encore ajouter les inconvéniens :

1° D'établir autant d'administrations que de gouverneurs;

2° De pouvoir reporter à une capitainerie les fonds qui ne seraient pas utiles à une autre, non plus que les économies qui peuvent être faites sur les fonds généraux du budget du grand-
veneur;

3° Et enfin de ne plus avoir pour les chasses du Roi l'unité et
l'ensemble qui leur sont nécessaires depuis qu'elles sont réduites
à ses seuls domaines.

Paris, le 1er janvier 1816.

NOTE

Sur l'Administration des forêts et des chasses du Roi.

En 1789, les bois de la couronne étaient administrés par des grands-maîtres des eaux-et-forêts.

Les parties destinées pour les plaisirs du Roi étaient soumises à un aménagement particulier, discuté au conseil de Sa Majesté, sur la proposition des grands-maîtres et des officiers des chasses.

En 1804, les domaines de la couronne furent régis par deux administrations, l'une pour les forêts, l'autre pour les terres, et les chasses ne furent plus considérées que comme un objet secondaire. Mais on exigea que les administrateurs, désignés sous le nom de capitaines-régisseurs, eussent à la fois les connaissances forestières réunies à celles des chasses, et ainsi de suite jusqu'à la place de simple garde. Cette organisation, et les dispositions qui en ont été la suite, ayant produit tout l'effet que l'on devait en attendre, en élevant les revenus des forêts et des domaines à leur plus grande valeur, et en assurant le service des chasses sans nuire à l'administration des bois, il serait à craindre que le moindre changement à ce système d'administration mutuelle et concordante ne produisît plus les heureux effets qu'on en a éprouvés, surtout si l'on cessait d'avoir des agens forestiers qui réunissent à la fois les connaissances nécessaires, soit sous le rapport de la conservation des forêts, soit sous le rapport des chasses : car c'est à tort que l'on se persuade que des registres et une correspondance bien tenus sont les seuls moyens que doivent employer les conservateurs pour assurer le service qu'ils sont chargés de diriger.

D'abord, en ce qui concerne l'administration des forêts, les conservateurs doivent avoir des connaissances pratiques et locales, attendu que les actes les plus essentiels de leur administration étant les aménagemens à introduire dans les forêts, les acquisitions et échanges utiles, les défrichemens, plantations, améliorations, soit pour les fonds, soit pour la superficie, les arpentages, martelages, balivages, estimations, etc., exigent tous des connaissances plus ou moins étendues. Aussi n'est-ce qu'au bout de vingt ans, et quelquefois plus, qu'on peut juger un administrateur forestier, puisque ce n'est qu'après ce temps que l'on commence à percevoir des revenus sur les terres qu'il a plantées et administrées.

« Les connaissances qu'exige le service des chasses, telles que l'aménagement des tirés, les élèves de gibier, la juste quantité qu'il en faut pour le tiré des princes, sans nuire aux domaines du Roi ni aux bois et terres des particuliers, ne sont pas moins nécessaires, attendu que l'on ne peut comparer le temps actuel à ce qu'il était en 1789, puisque les plaisirs de Sa Majesté sont restreints à ses seuls domaines, n'ayant plus de capitaineries au dehors.

« Une administration mutuelle et concordante des forêts et des chasses est donc de la première importance; puisqu'elle assure les plaisirs du souverain en ménageant ses revenus.

« L'ordonnance du 15 septembre 1815 donne à l'intendant des forêts et domaines les attributions qu'avaient l'administrateur des forêts et celui des domaines, et crée en outre deux inspecteurs généraux, un inspecteur général adjoint, trois conservateurs, six inspecteurs et un inspecteur adjoint.

« Par cette organisation, les conservateurs étaient simplement administrateurs forestiers, et les inspecteurs avaient la double surveillance des forêts et des chasses.

Le 23 octobre 1815, il a été jugé plus convenable de rendre aux conservateurs cette double surveillance des forêts et des chasses, c'est-à-dire les mêmes fonctions qu'avaient précédemment les capitaines régisseurs.

Il convient donc, d'après cette dernière disposition, pour les intérêts du Roi et pour ceux de son service, de fixer les prérogatives, attributions et fonctions du grand-veneur ou de celui qui le remplace, ainsi que celles de M. l'intendant des forêts et domaines et des conservateurs.

Le projet de réglement ci-après établit d'une manière positive ces diverses fonctions et attributions.

RÉGLEMENT.

CHAPITRE PREMIER.

Article Ier

Tout ce qui a rapport à la police des chasses dans les attributions du grand-veneur ou de celui qui le remplace.

Art. II.

L'intendant des forêts et domaines a l'administration des forêts et domaines.

Art. III.

Les conservateurs sont chargés, sous les ordres directs du grand-veneur et du capitaine des chasses à tir, de tout ce qui est relatif à la conservation et à la police des chasses.

Art. IV.

Ils sont sous les ordres de l'intendant des forêts et domaines, pour tout ce qui est relatif à l'administration des bois.

ART. V.

Les conservateurs et inspecteurs, qui sont nommés par le Roi, sur la présentation du ministre de sa maison, ne pourront être proposés à Sa Majesté qu'après avoir pris l'avis du grand-veneur, pour s'assurer qu'ils ont les connaissances nécessaires pour les chasses. Leurs brevets devront être visés par lui.

ART. VI.

Les gardes-généraux, gardes particuliers et gardes-portiers ne seront nommés par le ministre que lorsque les propositions auront été communiquées au grand-veneur, pour avoir son avis, par l'intendant des forêts et domaines. Leurs commissions devront aussi être visées par le grand-veneur.

ART. VII.

Les conservateurs et inspecteurs reçoivent les ordres du grand-veneur et du commandant des chasses à tir, pour tout ce qui est relatif aux chasses.

ART. VIII.

Les conservateurs dirigent les chasses à tir du Roi et le suivent dans les chasses à courre.

ART. IX.

Les inspecteurs sont sous les ordres des conservateurs pour tout ce qui est relatif à la conservation des chasses et aux élèves du gibier, et ils les remplacent en cas d'absence.

ART. X.

Les gardes-généraux, gardes à cheval, gardes particuliers et gardes-portiers sont spécialement chargés de la conservation du gibier. Ils sont, comme pour les forêts, assermentés devant les tribunaux compétens, conformément aux lois existantes à l'égard des délits dont ils doivent dresser procès-verbal.

ART. XI.

Les gardes-généraux, gardes à cheval et gardes particuliers peuvent être changés de résidence et de canton, si le grand-veneur le juge convenable à l'intérêt des chasses.

En conséquence de ce réglement, les conservateurs, inspecteurs, gardes-généraux et agens forestiers ci-dessus désignés, ne peuvent être présentés à la nomination du ministre de la maison du Roi, sans avoir pris l'avis du grand-veneur ; et l'on ne saurait apporter trop de soins dans leur choix, ni charger les conservateurs d'un connaissement trop étendu, ce qui est de première nécessité pour qu'ils puissent exercer une surveillance continuelle dans les bois et domaines qui leur sont confiés. Je crois pouvoir assurer que l'administration des forêts et des chasses du Roi n'aura point atteint le but qu'on s'est proposé, si l'on ne met sous les ordres du grand-veneur pour les chasses, et de l'intendant des domaines pour les bois ;

1° Six conservateurs remplaçant les capitaines-régisseurs, savoir :

1 pour l'administration de Paris ;

1 pour Versailles ;

1 pour Saint-Germain ;

1 pour Compiègne ;

1 pour Rambouillet ;

1 pour Fontainebleau ;

Et au moins trois inspecteurs :

Le premier pour la forêt de Sénart réunie à l'arrondissement de Paris ;

Le deuxième pour les bois de Villeferme, réunis à Fontainebleau ;

Le troisième pour la capitainerie de Rambouillet, en raison des parties éloignées.

Il a paru inutile d'avoir des inspecteurs à Versailles et à Saint-Germain, par la création de deux conservateurs, ainsi qu'à Compiègne, par la restitution de la forêt de l'Aigue.

Je dois cependant faire observer que là où il y aurait des conservateurs nouvellement nommés, il est indispensable qu'ils aient sous leurs ordres, particulièrement pour les chasses, des agens qui aient déjà exercé; mais lors même que cette organisation aurait lieu, il convient encore d'observer qu'elle ne sera pas complète, s'il n'est point fait de changement à l'ordonnance du 15 septembre 1815 sur les forêts, en ce qui concerne le mode des nominations, ainsi que des modifications à la décision du Roi du 21 mai 1816, relative à MM. les gouverneurs; décision qui, en même temps qu'elle prive le domaine d'un revenu assez considérable, nuit à la conservation des chasses en interdisant aux gardes l'entrée des parcs et jardins.

Je ne crois pas devoir entrer dans de plus grands développemens sur les avantages d'une administration mutuelle et concordante pour le service des forêts et des chasses, car on sent que si elles n'étaient pas adoptées, il faudrait une administration particulière pour les chasses, dont le personnel coûterait au moins 150,000 francs.

21 Mai 1816.

FIN DES NOTES.

TABLE.

9 782013 495721